现代汽车制造与装配技术研究

庞成立　著

北京工业大学出版社

图书在版编目（CIP）数据

现代汽车制造与装配技术研究 / 庞成立著. — 北京：北京工业大学出版社，2021.2
ISBN 978-7-5639-7851-9

Ⅰ. ①现… Ⅱ. ①庞… Ⅲ. ①汽车－车辆制造②汽车－装配（机械） Ⅳ. ① U463

中国版本图书馆 CIP 数据核字（2021）第 034145 号

现代汽车制造与装配技术研究

XIANDAI QICHE ZHIZAO YU ZHUANGPEI JISHU YANJIU

著　　者：庞成立
责任编辑：张　娇
封面设计：知更壹点
出版发行：北京工业大学出版社
（北京市朝阳区平乐园 100 号　邮编：100124）
010-67391722（传真）　bgdcbs@sina.com
经销单位：全国各地新华书店
承印单位：涿州汇美亿浓印刷有限公司
开　　本：710 毫米 ×1000 毫米　1/16
印　　张：8
字　　数：160 千字
版　　次：2023 年 9 月第 1 版
印　　次：2023 年 9 月第 1 次印刷
标准书号：ISBN 978-7-5639-7851-9
定　　价：45.00 元

前　　言

制造业是我国经济长期、稳定、高速发展的重要推动力。制造业的市场化与国际化程度始终指引着我国经济的发展方向。我国的经济结构正处于关键的战略转型期，汽车制造业已发展成引领传统制造业转型升级的先驱，并逐步成为我国民族产业的重要支柱。我国若要从制造业大国变为制造业强国，汽车制造业必然占据着至关重要的地位。

全书共六章。第一章为绪论，主要阐述汽车的诞生与发展趋势、现代汽车的生产过程、现代汽车产业的发展、我国的汽车出口等内容；第二章为现代汽车零件毛坯制造工艺，主要阐述汽车铸造工艺、汽车锻造工艺、汽车冲压工艺、汽车焊接工艺、汽车塑料成型工艺等内容；第三章为现代汽车零件机械加工工艺及数控技术在其中的应用，主要阐述汽车零件机械加工工艺、数控技术在汽车零件机械加工中的应用等内容；第四章为现代汽车典型零部件制造工艺及其材料的应用和发展，主要阐述现代汽车典型零部件制造工艺、现代汽车典型零部件材料的应用和发展等内容；第五章为现代汽车装配工艺技术，主要阐述汽车装配技术现状、汽车内饰装配技术、汽车发动机与底盘装配技术、汽车装配技术及装配工艺设备的发展趋势等内容；第六章为现代汽车制造系统自动化发展，主要阐述汽车制造系统自动化、自动化加工技术及设备、未来汽车制造自动化技术的展望等内容。

本书由大连职业技术学院（大连开放大学）庞成立副教授独著。为了确保研究内容的丰富性和多样性，笔者在写作过程中参考了大量理论与研究文献，在此向涉及的专家学者表示衷心的感谢。

最后，限于笔者水平，本书难免存在一些不足之处，在此，恳请同行专家和读者朋友批评指正！

目　录

第一章　绪　论

随着技术的不断进步以及国民经济的持续发展，汽车正在逐步成为人们日常生活中越来越无法忽视与代替的代步工具。汽车产业作为我国经济的支柱产业，承担了产业升级的重任。我国的汽车出口要想在激烈的国际竞争环境中占有一席之地就必须提升自身的生产、销售和服务水平。本章为绪论，主要包括汽车的诞生与发展趋势、现代汽车的生产过程、现代汽车产业的发展、我国的汽车出口等内容。

第一节　汽车的诞生与发展趋势

一、汽车的诞生

（一）蒸汽汽车的发明

1698 年托马斯·塞维利制造了一台用于矿井抽水的蒸汽机。

1705 年托马斯·纽科门制造了早期的工业蒸汽机，被称为纽科门蒸汽机。他对蒸汽机的发展做出了突出的贡献。

1763—1768 年，瓦特在维修纽科门蒸汽机的过程中，熟悉了蒸汽机的构造和原理，并且发现了这种蒸汽机的两大缺点：活塞动作慢且不连续；蒸汽利用率低且浪费原料。此后，瓦特开始思考改进的办法。

从 1765 年到 1790 年，瓦特做出了一系列发明，如分离式冷凝器、气缸外设置绝热层、用油润滑活塞、行星齿轮、平行运动连杆机构、离心式调速器、节气阀、压力计等，使蒸汽机的效率提高到纽科门蒸汽机的 3 倍，最终发明了真正意义上的工业用蒸汽机。

1769 年，法国炮兵工程师尼古拉斯·古诺经过 6 年的苦心研究，研制出了世界上第一辆蒸汽汽车，这是汽车发展史上的一个里程碑，也标志着人类以机械力驱动车辆时代的开始。这辆汽车车长 7.3 m，车高 2.2 m，车架上放着直径为 1.34 m 的锅炉，前轮直径为 1.28 m，后轮直径为 1.5 m，前轮用作驱动兼转向，车速为 4 km/h。

（二）现代汽车的诞生

17 世纪末，有人开始提出制造内燃机的想法，但多次研究都失败了，直到 19 世纪中叶，内燃机的发明始终未能成功。

1860 年，法国的勒诺巴赫制成了煤气内燃机，其主要问题是功率小，消耗的煤气太多。

1861 年，法国的铁路工程师罗夏发表了进气、压缩、膨胀、排气的四冲程内燃机理论。

1866 年，德国的工程师尼古拉斯・奥托试制出四冲程煤气内燃机。人们一直将四冲程循环称为奥托循环，奥托被称为内燃机奠基人。

1879 年，卡尔・本茨研制出了火花塞点火内燃机，随后他又将内燃机改进为汽油发动机。

1885 年，本茨将汽油发动机安装在三轮车上。随后他向德国皇家专利局申请专利，该专利于 1886 年 1 月 29 日获得批准。这一天，被确认为汽车的诞生日。本茨的第一辆三轮汽车自身重量为 254 kg，装有三个实心橡胶轮胎的车轮，用钢管制成车架，发动机为单缸汽油机，最高车速为 18 km/h。同年，戈特利布・戴姆勒将一台汽油机装在一辆四轮马车上，并增加了转向传动装置，该车最高车速为 14.4 km/h，这是世界上第一辆装有汽油机的四轮汽车。本茨和戴姆勒是世界公认的以内燃机为动力的现代汽车的发明者，人们将他们称为“现代汽车之父”。

蒸汽机发明后，德国人鲁道夫・狄塞尔在慕尼黑工业大学上学时对蒸汽机表现出了极大的兴趣。在 1892 年，他取得了把空气压进容器并且和煤粉充分混合直至被压燃而提供动力的机械装置的发明专利。

1897 年，狄塞尔在德国展出了第一台实用的柴油机。像所有的新生事物一样，狄塞尔发动机从诞生到完善经历了漫长的过程。

1936 年，梅赛德斯 - 奔驰公司制造出了第一台装有狄塞尔发动机配件的轿车。直到今天，柴油机的英文名称仍然是“Diesel Engine”——“狄塞尔引擎”。人们以此纪念狄塞尔的功绩。

二、中国汽车的发展趋势

随着中国人民的生活水平不断提高，汽车逐渐成为人们生活中不可或缺的交通工具。根据中国商务部数据，2020 年，我国全年汽车销量为 2531 万辆，已经连续 12 年位居世界第一。

自 1886 年汽车被发明以来，汽车在百余年的发展进程中，经过不断变革，越来越符合人们的需求：汽车生产线的发明让汽车得以大量生产，让汽车从富人的玩具变成了人们的代步工具；汽车制造的精益化使得汽车不再是仅仅满足人们出行的工具，而是变革为满足不同社会地位的人的消费品。近年来，自动驾驶汽车成为汽车行业的热门话题，越来越多的自动驾驶概念车在大小车展亮相，各汽车生产企业纷纷公布了各自的自动驾驶汽车未来蓝图。

中国未来的城市应该是智慧城市，而在物联网背景中的智慧城市，将会以生态系统的方式极大地便利人们的生活。作为未来智慧城市生态系统中的一部分，自动驾驶汽车必然是符合智慧城市生态系统需求的自动驾驶汽车，具体表现如下。

（一）互联化

互联网信息技术的发展促进了汽车与互联网的发展，互联网汽车的出现也将成为汽车的一大发展趋势。这是区别于传统汽车的一种全新概念，在大数据、云计算等的依托下，通过人工智能操作系统对整车运行进行操控，可以实现汽车运行的智能化和精准化。

汽车互联化发展带来的是汽车行业一系列的变化，无论从汽车产品本身，还是从汽车生产、销售和服务环节，都发生了改变。人们更多地通过互联网购车和获得相关服务，也促使汽车生产商和销售商在互联网模式下做出更多努力，以便在激烈的市场竞争中获得成功。

（二）智能化

智能化是指将计算机、传感器、大数据、无人驾驶、人工智能及数据通信等最新科技成果与汽车的结合。智能制造工程为《中国制造 2025》（国发〔2015〕28 号）中的重要一环，其“智能”主要体现在制造车间、企业经营活动、企业人员等数据的信息化管理程度上，而加工过程信息具有更新快、复杂多变等特点，对传输时效要求比较高，如果不能保证传输时效，则会导致企业管理层和生产层信息的不匹配，计划制订人员和企业管理人员对信息掌握不准确，给企业管理造成困难。加工过程信息管理在现代化制造业企业管理中占据非常重要的地位。

智能汽车的特点是需要汽车具备无人驾驶、自动驾驶、路线规划、道路识别、行人避让等功能，未来甚至可能具备通过人体脑电波控制汽车驾驶等功能。自动驾驶是未来汽车发展的必然趋势，也是未来智慧城市不可或缺的一部分。从自动驾驶技术本身来看，自动驾驶是驾驶本质的革命性变化，低级别的驾驶辅助系统可以帮助驾驶员减少驾驶时需要占据的注意力，从而缓解驾驶时的压力；同时可以通过其对环境的感知做出预判，提高驾驶的安全性。从工业发展的趋势来看，自动驾驶汽车也将会是当前信息时代信息高速交互在汽车行业运用与发展的必然结果，同时，也将给未来高新技术产业的发展提供助力。

当前我国汽车自动驾驶的发展已经引起政府的高度重视，对于自动驾驶产业，国家正在积极打造智慧城市示范区，以便为自动驾驶的运用做好基础建设和网络管理的铺垫。在各类利好政策的支持下，大力发展自动驾驶已是大势所趋。

（三）环保化

汽车环保化的趋势主要体现在汽车排放和回收利用等方面。在降低汽车排放方面，世界各国都在积极开发新技术，研究和推出新型无污染的环保汽车；在汽车回收利用方面，汽车材料的回收利用是重要一环，要降低未来汽车使用中的油污染、水污染和材料污染等。

（四）个性化

随着信息化、智能化新科技的渗透，尤其是在互联网信息直联特性的推动下，汽车个性化定制需求越来越多，个性化定制生产能力已经成为衡量汽车制造商制造水平的标准之一。汽车个性化定制需求对车身外观与整车性能都提出了更高的要求，而为了顺应消费市场变化，汽车制造商需要缩短产品换代周期以保证在公众审美疲劳到来前推出全新的产品。如何在兼顾客户个性化需求的同时保证产品制造质量的稳定可靠是对汽车制造商的设计制造水平和质量控制能力提出的全新挑战。

随着技术的发展和人们生活水平的提高，大家对个性化的需求会越来越多，汽车的个性化也将是未来的发展方向之一。未来汽车的使用者将更多是年轻一代，他们个性鲜明，不再局限于汽车的统一车型、统一外观、统一颜色，他们的消费需求将会是个性化需求，这就促使汽车生产企业进行个性化创新生产，消费者可以根据自己的需求选择适合自己的汽车造型、功能需求。

（五）小型轻量化

伴随着我国经济的飞速发展和社会的不断进步，人们对生活品质的要求越来越高，汽车制造行业的发展势头越来越猛。虽然各种新型汽车为人们的出行带来了方便，但是与此同时也产生了环境污染和能源消耗等问题。伴随着汽车需求量的逐渐增多，环境污染问题的逐渐加剧，汽车轻量化概念脱颖而出，在汽车制造行业越来越流行。积极应用各种轻量化的金属材料，能够有效缓解汽车制造和汽车应用带来的能源消耗和环境污染问题，增加企业的竞争优势，增加企业的经济效益。

汽车的重量和汽车燃油量密切相关，如果汽车总重量减少 10%，那么该汽车消耗的油量就会相应减少 7%。与此同时，一旦汽车的总重量大幅度降低，那么整个汽车相对来说就会更容易驾驶。如果汽车驶入凹凸不平的地面，汽车总重量减轻，那么汽车所承受的冲击力就会减小，能够有效增加汽车的使用年限。在汽车的动力系统输出不变的前提下，想提高汽车的加速功能，那么对汽车轻量化的要求就会增多。这些细节将直接影响汽车的整体品质和客户的体验感。

汽车轻量化并不是减轻汽重重量或者缩小汽车的外形，而是要求设计人员深入了解新时期消费者对汽车的具体要求，在确保汽车各种安全性能和舒适程度符合使用要求的基础上，应用各种轻量化材料，减少投资成本，缓解环境污染和能源消耗问题。

减少汽车的重量能够有效减少汽车的燃油消耗数量，提升汽车的节能效果和环保效果，在一定程度上减少石油资源的消耗量，减少汽车废气的排放数量。根据轻量化要求设计制造出的汽车每公里消耗的油量比普通汽车要少得多，而且排放的尾气含量也有所减少。另外，伴随着汽车数量的逐渐增多，很多大城市都存在严重的交通拥挤问题，违反交通法规的人逐渐增多，为社会发展带来了很多不利影响。而应用轻量化设计制造出的汽车，整体尺寸会大幅度缩小，能够有效增加汽车的灵活度，增加道路中汽车的容纳数量，从而有效缓解交通拥挤问题。

第二节　现代汽车的生产过程

一、概述

随着生活节奏的加快和汽车需求数量的剧增，国内汽车产量也逐年增加。汽车自身的复杂度、日益全面的功能、自动化程度的提高决定了汽车生产过程的复杂性。在汽车生产过程中存在多种诱发事故的客观因素及人为因素。例如：铸造造型机油品泄漏可能会导致人员滑倒甚至诱发火灾；锻造作业中红热的坯料、锻件及飞溅的氧化皮极易造成工作人员烫伤；冲压车间中压力机的使用不当会造成撞击、剪切或物体飞溅伤人事故；焊接均是明火作业，产生的金属火星极易引起爆炸；涂装车间中喷丸、抛丸、打磨和喷涂作业产生的有机、无机、有毒性粉尘或液体会严重危害操作人员的呼吸系统甚至造成粉尘爆炸。因此，对于汽车生产过程要进行安全评价，找出存在的危险因素并采取措施加以防范，保证汽车生产过程的安全。

二、汽车的生产过程

汽车是集机、电、液和气于一身的精密复杂产品，生产过程复杂。原材料经铸造、冲压、焊接等工艺后成为零配件，零配件再经各种装配、调试成功后才能成为成品。汽车的生产过程中要用到数千个大小不同的零部件，这些工作都需要在不同专业的生产车间完成。

汽车制造工艺的编制常以装配工艺为核心，以流水线生产方式为趋向，以同时进行各种零部件的制造加工为要点，以最终装出整车为目标，彼此之间相互协调。

典型的汽车生产过程如图 1-1 所示。

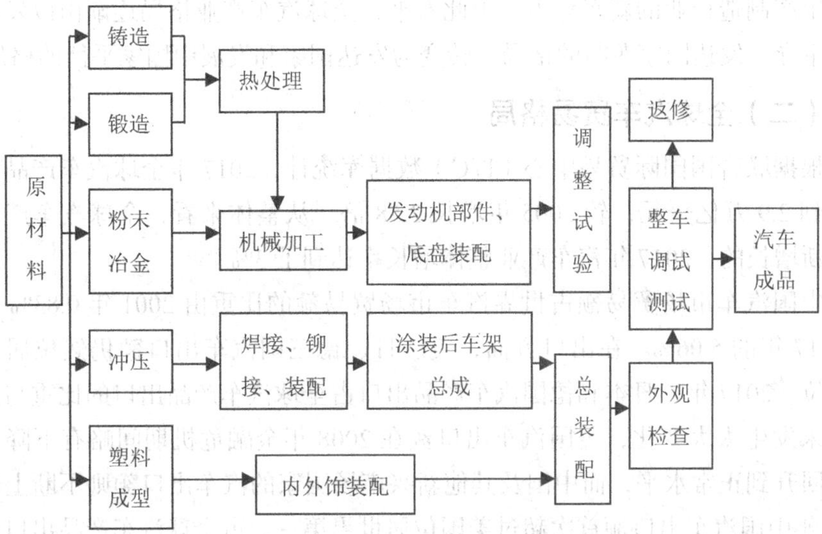

图 1-1　汽车生产过程

第三节　现代汽车产业的发展

一、全球汽车产业发展现状

随着全球消费需求和生产网络的不断扩大，各国生产制造行业快速发展。在全球汽车产量稳步增长的同时，以中、印为代表的新兴汽车市场产销规模逐渐超越了德、美、日为代表的传统汽车产业强国，但其在汽车生产质量和技术水平方面还有不小的差距。

（一）全球汽车生产格局

根据世界汽车组织（OICA）数据，2017 年，全球汽车产量为 9730 万辆，相比 2001 年增长了 1.73 倍，中国、美国、日本、德国居汽车产量前 4 位。中国汽车产量逐渐增长，占全球汽车产量比重与日俱增，而美国、日本和德国汽车产量基本保持不变。传统发达国家汽车产销已经接近饱和，但通过生产结构与模式的创新，实现了汽车产业的升级换代和产品质量的提高。而新兴发展中国家则主要利用国内资源优势吸引汽车强国进行技术转移和资本的投资。近年来，发展中国家汽车产业在全球汽车生产格局中的地位不断提升，并逐渐成为汽车生产制造行业的新兴势力。由此看来，全球汽车产业格局逐渐由以发达国家为主导、发达国家垄断的格局，转变为发达国家和发展中国家平衡的格局。

（二）全球汽车贸易格局

根据联合国国际贸易中心（ITC）数据库统计，2017 年全球汽车产品贸易额达到 2.9 万亿美元，较 2005 年增长 2.58 倍。从整体来看，全球汽车产业还是不断增长的，2017 年汽车产业整体增长率达到了 3%。

中国汽车市场贸易额占世界汽车市场贸易额的比重由 2001 年 0.83% 上升至 2017 年的 5.06%。在出口方面，美、日、德三国汽车出口额仍然位居世界前 3 位。2017 年，日本和德国汽车产品出口占全球汽车产品出口的比重与之前相比未发生太大变化，美国汽车出口额在 2008 年金融危机期间略有下降而后逐渐回升到正常水平，而中国及其他新兴市场国家的汽车出口额则不断上升，2015 年中国汽车出口额首次超过美国位居世界第一，占全球汽车产品出口的比重也从 2005 年的 1.68% 升至 2017 年的 4.68%。在进口方面，美国仍然是汽车进口第一大国，但其占全球汽车产品进口的比重却在逐年下降，这可能是美国制造业回流所致，德国和中国分别位列汽车进口第二位和第三位，并且进口规模都呈逐年上升趋势。全球汽车行业集中度虽然仍很高，但已逐渐呈现分散化趋势，尽管新兴国家汽车产业市场竞争力逐渐增强，但美、日、德等传统汽车生产制造强国仍占据着全球汽车市场的主导地位。

二、我国汽车产业发展历史和现状

汽车产业作为我国经济的支柱产业，承担着产业升级的重任。我国的汽车产业近年来突飞猛进，通过大力引进外资提升产能和技术水平，在 2009 年成了世界汽车产销第一大国。而随着全球化竞争市场的变化，我国庞大的汽车产业也面临着一系列的机遇与挑战，亟须找到合适的产业升级路径。

对此，国家在政策上给予了高度重视和支持。在纲领性文件《中国制造 2025》（国发〔2015〕28 号）中，国家明确指出汽车产业将不再以产能和规模扩张作为首要发展目标，而是将锻造核心竞争力、引领自主整车和零部件企业产业升级和提升自主创新能力摆在首要位置。

（一）我国汽车产业发展历史

相较于世界汽车产业在 19 世纪末就开始大规模标准化和流水线生产而言，我国汽车产业于 1953 年才正式有了开端。随着第一汽车制造厂（中国第一汽车集团有限公司的前身）的成立，我国汽车产业的发展拉开帷幕。回顾半个多世纪以来的发展历史，我国汽车产业经历了从无到有、从小到大的转变，形成了一个产品种类齐全的体系。按照时间线，我国汽车产业的发展可分为四个阶段。

1.“闭门造车”阶段（1953—1978 年）

随着第一汽车制造厂的建立，南京汽车制造厂、上海汽车制造厂、济南汽车制造厂、北京汽车制造厂等汽车企业相继成立，奠定了我国汽车产业的基础。到 1978 年末，我国的整车厂数量已近 50 家，并催生了一系列零部件生产企业。1978 年，我国汽车的产量已达到 15 万辆，汽车的保有量达到 107 万辆。

尽管我国实现汽车产业了从无到有的跨越，但受制于计划经济的国内形势，汽车的产量还远不能满足日益扩大的市场需求。相较于同期的世界水平，我国汽车产业远远落后于发达国家，也不如韩国、巴西等与我国汽车产业同时起步发展的国家，改革已迫在眉睫。

2.“合资浪潮”阶段（1979—1993 年）

伴着改革开放的春风，我国开始逐步引入国外汽车产业的资本、技术和管理方式，成立了北京吉普汽车公司、上海大众汽车公司、上海通用汽车公司、一汽大众汽车公司、三江雷诺汽车公司、长安铃木汽车公司、东风神龙汽车公司、广州标致汽车公司等中外合资汽车生产企业。

相较于“闭门造车”阶段的中国汽车产业，到 1993 年末，我国的整车制造企业数量增长至 125 家，且产品种类更多。同时，伴随着流水线生产方式的引进，1993 年我国汽车产量增加至 129.6 万辆，生产规模得到了大幅提升。

在市场经济和合资浪潮的大力推动下，我国汽车企业摆脱了计划经济的束缚，它们以市场为导向，借力外资及先进技术，卓有成效地促进了汽车产量和质量的双提升，但外资的介入同时限制了我国汽车产业的利润获取，我国长期没有优秀的自主品牌，核心技术一直被外方掌控。

3.“自主摸索”阶段（1994—2000 年）

1994 年，国务院发布《汽车工业产业政策》，这是中华人民共和国成立以来第一部汽车产业政策，该政策明确提出汽车产业在 2010 年前要成为国民经济的支柱产业，并带动其他相关产业迅速发展。政策的支持和市场的扩大催生了一批优秀的国内自主新兴汽车企业。被称为民企造车第一人的李书福，于 1997 年进入汽车领域，成立吉利集团，1998 年吉利生产出了第一款轿车“豪情”，以低廉的价格打破了国人对汽车高价的认知。同样于 1997 年成立的奇瑞汽车公司也在地方政府的支持下从研发发动机入手，先提升核心技术再逐步扩大汽车产能。1999 年，奇瑞的第一台轿车“风云”正式下线，由于自身掌握发动机技术不用购买高价的国外产品，奇瑞轿车凭借低价高性能的优势强力进入国内的汽车市场。

在这一阶段，第一部汽车产业政策的发布和国内自主汽车品牌的诞生推动了我国整个汽车产业的快速发展。但随着汽车企业数量的增多，国内汽车市场竞争加剧，合资品牌需要生产更多性能优越的产品以适应国民需求，而自主创新品牌则需要解决技术水平落后的状况，以提升国民对自主品牌的信任感。

4.“外向探索”阶段（2001 年以后）

2001 年我国加入世界贸易组织（WTO），成为我国汽车产业发展的一个关键时点。我国加入 WTO 后汽车进口关税大幅降低至 25%，并全面取消进口配额，这对当时的国内汽车企业造成了巨大压力，担心市场份额因进口汽车的利好而大幅丢失。为此国家通过修改《三资企业法》，不再限制国产化率，使得中国汽车市场出现了第二次合资浪潮。合资展现了积极的一面，它强有力地扩大了产能，提升了生产质量，但消极的一面也随之展现，由于核心技术被外资方所控，合资企业很难取得自主的技术，因而处处受制于外资方。此时国内自主汽车品牌也对技术的获取和研发有了更加迫切的需求，且我国汽车产业开始面临产能过剩的问题。这些都推动着我国汽车产业开始考虑向外探索，通过对外直接投资向其他国家转移低附加值部分的过剩产能，直接获取国外优秀的核心技术与品牌资源等。

在这一阶段，南汽汽车集团有限公司于 2005 年收购了英国 MG 罗孚公司及动力总成公司的全部资产，成为第一例中国企业收购国外著名汽车企业的案例。之后，北京汽车集团有限公司（简称“北汽集团”）于 2009 年收购瑞典著名的汽车生产商萨博的多项核心技术。浙江吉利控股集团有限公司（简称“吉利控股集团”）于 2010 年收购沃尔沃轿车业务，为吉利控股集团带来了名誉和技术，快速提升了集团的研发水平。我国第一汽车集团有限公司（简称“一汽集团”）、长城汽车股份有限公司（简称“长城汽车”）、东风汽车集团有限公司（简称“东风汽车”）等也开始在国外设立生产工厂。我国的汽车产量自 2009 年达到 1364 万辆并首次位居世界第一后，一直保持延续至今。激烈的竞争并没有让我国的汽车产业倒下，相反，我国汽车产业通过走上对外投资这条道路来改进自身、发展壮大。

（二）我国汽车产业发展现状

随着我国汽车工业的发展，我国汽车产业已经逐渐建立起了较为完备的生产体系，在汽车产业方面已经具备了一定规模，产品研发设计初见成效，产业结构经过调整优化后较为合理，但仍存在区域发展不平衡的问题。我国汽车产业现阶段的目标是在对外开放和全球价值链分工等方面实现跨越式发展，从而实现从汽车生产制造大国向生产制造强国的转变。

1. 我国汽车产销状况

加入 WTO 之后我国汽车海外销量逐年递增，零部件产销增速尤为迅猛，在全球汽车工业体系建设中已经具有一定的地位。相较于发达国家和传统汽车产业强国，我国的汽车产业起步较晚。随着国际市场需求转变以及发达国家产业转移，我国汽车产业开始逐步积攒后发优势，与发达国家的差距逐渐缩小。近年来，受中西部地区新增购车数量增加以及东部地区换车比例提升等因素刺激的影响，我国汽车产销长期居于世界前列。从产量上来看，我国汽车产量 2005 年为 571 万辆，2018 年为 2781 万辆，2020 年为 2522.5 万辆；汽车销量 2005 年为 571 万辆，2018 年为 2808 万辆，2020 年为 2531.1 万辆。

根据中国汽车工业协会统计数据，2018 年我国品牌乘用车共计销售 998 万辆，同比下降 8.0%，为历年来首次出现下降。德系、日系、美系乘用车销量分别为 508 万辆、445 万辆、248 万辆，分别占乘用车销售总量的 21.43%、18.75%、10.45%。受到购置税等优惠政策的影响，我国汽车产销量数量在 2016 年出现明显好转，千人保有量达到了 140 辆，初步完成了第一次汽车普及。

2. 零部件企业生产经营状况

零部件行业是汽车工业的基础，是我国大力发展和长期重点扶持的产业。近年来，由于行业研发能力和技术水平的提升，我国汽车整车行业形成了完整的产业链，并逐渐成为全球主要汽车零部件出口国。随着经济全球化和国际化的步伐加快，美国、日本、欧洲等汽车产业发达的国家和地区，正逐步开拓新的汽车市场。根据中国汽车工业协会数据，我国汽车零部件销售收入在 2010—2020 年呈现持续增长趋势。

三、我国汽车产业主要特征

当前我国制造业正面临着数字化转型的重要挑战，汽车产业作为我国经济的支柱产业之一，也面临着外资企业已经实现了的数字化智能化生产的压力。我国汽车产业呈现以下特征。

（一）研发设计全球布局

为了提高我国汽车生产制造的技术含量，主要有两种方式来提升整车的技术。

一是与知名跨国汽车公司成立合资企业。

二是收购国外的先进技术，从而学习国外企业的先进技术。我国汽车产业主要实行全球设计研发、全球采购策略。

整车设计企业改变了只采用本集团公司研发设计产品的做法，广泛采取与同行业其他企业合资建立研究院的做法，由单点研发向多点研发转变，由链式研发设计向研发网络演变，由实行国内研发向全球建立研发中心转变。例如，比亚迪股份有限公司（简称“比亚迪公司”）在全球多地建立了研发中心，包括美国洛杉矶、巴西圣保罗、荷兰鹿特丹等地。其下属企业不再局限于仅仅供给本公司，而是将其产品销售至全球各国。全球生产研发促使汽车零部件的制造和整车生产分离，促使生产分节化和网络化。生产和研发任务网络化，使得汽车厂商主要负责整车组装、装配技术的开发，从而在专业化分工的基础上实现了生产规模的扩大，满足其他国家汽车市场的需求。

（二）供应链与整车生产协同调度

汽车整车厂商通过全球采购的方式在一定程度上控制了供应链的成本。汽车整车包含三万多个零部件，为了提高零部件生产质量和生产效率，整车装配商采取零部件生产在全球各地就地取材的方式，再通过全球供应网络将零部件集中起来，统一装配，而汽车生产制造商则通过网络实现对原材料的获取、加工、组装的统一调度。

汽车供应商和制造商通过供应链形成共同开发环境和伙伴关系，来进行持续合作。伙伴成员之间共享信息和设计思想，共同决定产品和零部件生产决策以及相应的配套服务。尽管供应链仍然是从企业的角度出发的，但它所描述的仍是产业链上下游的关系，如果抽象掉企业之间的差别，则产业的链状特征未必和企业供应链的特征及类型相同，而出现多家企业之间的竞争合作关系，会构成产业的供应链网络。这种供应链管理模式在制造、整车生产上具有较大的竞争优势，可以加快原材料供应，也可以推动下游产品的分销和服务。而汽车行业内核心企业则专注于供应链的优化，通过物流模式的创新，使供应链企业之间实现产、供、销关系的协调和优化。

（三）汽车整车和零部件市场网络化发展趋势

在早期，汽车制造企业主要依靠集中化方式进行生产，相对较慢。改革开放以后，随着乘用车生产和加工的起步，零部件生产制造部门逐渐与整车制造企业分离。零部件生产制造部门通过技术引进、工艺改善逐步提升零部件产品质量以获得迅速发展。我国加入 WTO 以后，大量的国内市场需求吸引了国际汽车零部件供应商在我国陆续建厂，从而促进了我国汽车零部件行业的发展，其产业规模也在不断扩大。2010—2017 年，我国零部件生产制造产值始终保持在汽车总产值比重的 40% 左右。为了提高生产效率和生产的专业化程度，整车制造企业将部分零部件的生产加工外包给零部件供应商，最后再统一装配。

汽车整车由大量零部件组装而成，其中每一个零部件又包含多个单元组件。我国汽车制造企业通过自主生产、研发、设计、组装来实现汽车整车的自主装配制造，但由于不同类型汽车装配使用的设备和生产工序不同，零部件和整车的统一生产，将不利于简化整车生产流程和提高装配效率。之后，我国汽车整车企业逐渐将零部件的生产加工工作转由专业化的零部件供应商进行研发和生产，汽车行业内部完成了初步的产业转移和产业结构优化。经过模块化的产品生产制造，供应商和整车制造企业的生产装配效率都得到了一定的提高。零部件供应方式的改变使得零部件供应商与整车制造企业在多方面开始了更加紧密的合作，对汽车零部件供应商在开发、制造、服务上也有了更高的要求。早期的零部件供应商通过参与汽车整车的研发、设计以及同步开发等进程，构建网络化制造流程，通过网络化制造，改变汽车制造企业的生产组织模式，从多层结构式转向了网络化模式，建立起了网络化的生产制造体系。

在未来，我国汽车生产制造主要采用信息化网络化融合的方式，多条流水线同时进行，通过实时收集流水线上的生产数据对其进行实时控制。另外，汽车整车制造的网络化和零部件加工的网络化共同构成了汽车的网络化生产结构。其中零部件是构成汽车整车制造的基础，在价值链环节十分重要。将信息技术应用于生产流通中的供应链管理，可通过网络链接实时了解每个网络成员的状况并及时有效地获取信息，做出响应。

由此看来，当前汽车行业研发设计、生产制造均显现出网络化发展的趋势。

四、我国汽车产业的发展趋势

随着新一轮产业革命的兴起，人工智能和大数据技术的发展和应用，给汽车产业带来了巨大的改变。汽车的定位逐渐从代步工具向智能终端转变，智能操作系统为汽车提供了大脑，5G、大数据平台、人工智能（AI）等技术的快速发展，为汽车智能转型提供了基础。以物联网为基础，以数据为核心，运用云计算实现海量异构工业数据的集成和计算，是传统工业进行数字化转型升级的必由之路。我国汽车产业将沿着“出行代步工具—物联网络节点—智能终端”的路径演变，而新能源汽车将成为汽车产业的主力军。

（一）新能源汽车产业

“十二五”“十三五”国家战略性新兴产业发展规划，给出了新能源汽车作为新兴产业的发展规划。2015 年 5 月 19 日，国务院印发《中国制造 2025》，它是从国家战略层面把中国从制造大国变成制造强国的长远规划，它将新能源汽车（主要为纯电动、插电式混合动力汽车和燃料电池汽车）列为重点突破方向，为中国新能源汽车产业发展确定了方向。

2020 年 11 月 2 日国务院印发了《新能源汽车产业发展规划（2021—2035）》，进一步为市场和行业发展坚定了信心，明确了新能源汽车的发展目标。从 2009 年开始，在新能源汽车产业推广上，政府和地方财税政策起到了不可磨灭的作用。政府为了更好地鼓励新能源汽车产业的发展，制定了一系列补贴政策和免税政策。随着财政补贴政策的深入，相应补贴政策逐年调整，趋严，向高技术高性能产品倾斜。受新能源补贴退坡影响，2019 年下半年新能源汽车销量大幅下降。2019 年全年，新能源汽车销量为 120.6 万辆，同比下降 4%，为近十年来首次同比下降。2020 年中国新能源汽车销量达到 136.70 万辆，同比增长 13.35%。由于 2019 年底新型冠状病毒肺炎疫情对整体汽车市场的影响，国家为稳定市场预期，保障产业健康持续发展，从需求侧拉动汽车消费，原先四部委（财政部、工业和信息化部、科学技术部、发展改革委）计划在 2020 年取消新能源汽车购置补贴和免征购置税政策再延长 2 年。

从政策驱动向市场驱动，是我国新能源汽车产业发展的必然方向，建立我国新能源汽车产业发展的长效机制，是产业从前期扶持培育向中期自主成长的必然选择。基于这一共识，工业和信息化部、财政部、商务部、海关总署、质检总局在 2017 年 9 月 27 日发布《乘用车企业平均燃料消耗量与新能源汽车积分并行管理办法》，“双积分”作为接棒新能源汽车补贴退坡的重要支持政策，对整个汽车产业的结构调整与转型升级具有重要意义。“双积分”政策 2018 年 4 月开始实施，2019 年全面落地。对于车企直观的要求是，卖的传统燃油车越多，需要卖的新能源汽车就越多。虽然双积分的本意是接档补贴、持续推动新能源汽车发展，但由于 2018—2020 年补贴仍在、新能源汽车油耗核算优惠两大主要因素，造成积分供大于求这一问题非常突出，其直接后果就是积分交易价格极低。双积分政策可以作为一项长效机制来推动新能源汽车销售占比的提升，是财政补贴取消后的有效约束激励政策。为了更好鼓励产业结构转型，2020年新版“双积分”政策对原有积分政策条款进行了更新。

我国新能源汽车的市场表现还是以纯电动为主的战略方向。根据《新能源汽车产业发展规划（2021—2035年）》，到2025年、2030年，新能源汽车销量要分别占当年汽车总销量的20%和40%，届时纯电动汽车将会占据更高的比例。

随着新能源汽车的热度持续增加，市场上出现了60余家新的造车企业，都以纯电动技术为方向。但是随着市场的考验和本身技术的成熟度，目前仅有不到10家成熟的企业推出了量产产品，它们凭借新能源汽车、智能驾驶概念和创新的售后服务等，赢得了市场一定的认可。

我国从2010年起大力推进新能源汽车产业，在原始汽车产业链基础上增加了驱动电机、燃料电池和充电桩三个部分，保持了传统汽车产业长链条的特征，又新增了电池、电机和电控等重要的产业环节。外部环境的变化使得发展新能源汽车日趋鲜明，汽车产业转型升级成为汽车行业发展的重要方向，其配套资源、生产方式也随之改变。在产业链上游新增了以锂、钴、镍、石墨、稀土为代表的矿产资源，这些资源的使用是新能源汽车转型的关键所在。产业升级往往意味着全产业链生态的变迁，从原材，到零部件，再到基础设施，要经历一次全方位的更新换代。每一次产业升级都会消耗大量的资源，但也是维持经济持续增长的有效途径。

（二）智能网联汽车产业

随着互联网技术的发展，逐渐衍生出了互联网汽车这一全新的汽车生态环境。互联网+汽车产业链在汽车制造产业链的基础上融入了互联网技术，利用互联网企业的网络管理能力为传统行业赋能。互联网公司利用网络技术，将汽车连入互联网，使得汽车可以与手机、平板电脑等移动终端连接，利用手机和其他移动设备对汽车运行状况进行实时监测。在传统的汽车产业链之外，智能网联汽车还包括了智能中控系统、智能感知系统和智能驾驶系统，这些领域大部分都是互联网汽车所擅长的，因此汽车行业与互联网行业融合发展的趋势已经日渐明显。

智能网联汽车行业的发展迅速，已在国家层面受到高度关注。2018年12月，工业和信息化部印发《车联网（智能网联汽车）产业发展行动计划》，提出了行动目标，最终要实现“人—车—路—云”高度协同。为实现这一目标，该计划明确指出要推动“大数据及云平台”的建设。不但要实现“车—路—云”互联互通、数据共享，还要求建立商业化机制。

（三）自动驾驶汽车产业

全球汽车制造的主力来自传统的汽车制造大国——美国、日本、德国以及“金砖国家”。统计数据显示，我国汽车产量在 2009 年首次超越日本，而后一直保持着全球最大汽车生产国的地位。改革开放以来，我国汽车产业形成了比较完备的工业体系；自加入 WTO 以来，我国汽车产销量连续多年位居世界第一，与此同时，全球汽车产业增长速度最快的市场也在中国。目前，全球汽车市场格局正处于快速变革的转折点，汽车产业正在逐步转型升级，同时发展路径也在不断规划调整。中国的汽车市场极具发展潜力。

从全球来看，目前汽车产业正处于快速变革的发展阶段，汽车产业重心正在发生转移。汽车制造商开始积极地向汽车电动化以及智能网络汽车领域转型。智能汽车在我国已经被纳入战略性新兴产业，我国政府为大力推动汽车行业智能化采取了多项重要举措，提出要建设智慧城市生态系统。

在我国大力推动自动驾驶及智能网联汽车的背景下，传统汽车制造商与科技巨头间的竞争与合作势头更加明显，多家主流车企与互联网企业开始跨界协同合作。与此同时，未来汽车行业的竞争将更加激烈，传统汽车制造商与科技巨头均渴望进入对方的领域。传统汽车制造商拥有完善的车辆研发体系、更高的品牌认知度、广泛分布的销售渠道，但创新能力稍落后于科技企业；而科技巨头能够有效引领全球创新，引领开启汽车产业的新时代，试图“弯道超车”以取代传统汽车制造商，但在基础技术方面，如底盘和动力技术相对薄弱。

据预测，我国有可能在 2030 年成为世界上最大的自动驾驶汽车市场。我国对自动驾驶汽车有着巨额的生产、研发投资和政府支持，同时，我国用户对自动驾驶汽车有着高度的认可，结合着不断出现的新的造车企业和 IT 巨头，以上种种都将使我国在自动驾驶汽车领域走上快车道。

1. 我国自动驾驶汽车的政府政策环境

我国的自动驾驶汽车获得了政府政策的高度支持：政府政策要求强制安装驾驶辅助系统；政府政策鼓励发展自动驾驶汽车；政府政策支持建设车用无线通信技术（V2X）设施；政府政策支持智慧城市生态系统建设。

（1）政府政策要求强制装备驾驶辅助系统

中国新车评价规程（C-NCAP）是由中国汽车技术研究中心制定并测评的、

汽车行业普遍重视的、符合中国实际并引导企业产品开发的重要规程。中国汽车技术研究中心有限公司（简称“中汽中心”）自1999年开始，累计进行了数千次试车碰撞试验，并向社会公布新车安全性评级。在2018版C-NCAP的评分标准中，车辆自动紧急制动系统（AEB）被纳入评价规程测试项。根据测试规程，新车若希望在C-NCAP评级中拿到满分，则必须全系装配车辆自动紧急制动系统。

（2）政府政策鼓励发展自动驾驶汽车

我国国家层面高度重视自动驾驶汽车的发展。工业和信息化部、公安部、交通运输部三部委发布了《智能网联汽车道路测试管理规范（试行）》。交通运输部推出了《数字交通发展规划纲要》。发展改革委印发了《智能汽车创新发展战略（征求意见稿）》。此外，工业和信息化部陆续发布了一系列的汽车产业发展规划，并形成了一系列的文件。

（3）政府政策支持建设车用无线通信技术（V2X）设施

V2X技术通过车与车、车与道路设施、车与云端的互联，将极大地辅助自动驾驶汽车，形成全方位网络连接和信息交互平台，辅助自动驾驶汽车的感知和决策层面。

2017年2月，国务院发布《“十三五”现代综合交通运输体系发展规划》，提出加速推进智慧交通建设。

2017年4月，工业和信息化部、发展改革委、科技部联合发布了《汽车产业中长期发展规划》，提出智能网联汽车推进工程。

2018年1月，发改委提出的《智能汽车创新发展战略（征求意见稿）》提出了大力发展V2X战略愿景。

2018年12月，工信部发布《车联网（智能网联汽车）产业发展行动计划》指导性文件，旨在推动车联网跨行业合作，促进“人—车—路—云”的高度协同发展。

在各类政策的指导下，2018年12月，我国首个实际高速公路场景地V2X车路协同测试在首发集团、速通、奥迪、华为等公司的支持下，在延崇高速公路上完成。同时，全国多地正在积极开展V2X示范区建设。无锡的V2X示范区涉及240个路口、170平方千米、5条快速路、1段高速公路，提供26类应用场景。北京、上海、海南等地也正在积极布置GPS差分基站、通信基站、路测单元——智能红绿灯及各类路测摄像头等措施。

（4）政府政策支持智慧城市生态系统建设

智慧城市生态系统建设，已经成为“千年大计，国家大事”，如党的十九大报告明确指出的建设雄安新区未来新城。这一未来示范城市，将按照“智能、绿色、创新”的要求建设，成为城市智慧化管理的生态城市。目前，国内外在智慧城市的建设方面也已经取得了一系列成果，国内主要包括智慧上海、智慧双流等，国外则包括新加坡“智慧国家计划”、韩国“U-City 计划”等。

随着移动通信技术的发展，语音、短信、数据等移动信息服务也逐渐进入汽车领域，汽车迎来了智能网联时代。随着我国交通问题日益严峻，政府开始寻求新的解决途径。在交通日益拥堵、环境日益恶化等的背景下，城市管理者逐渐改变传统的道路扩建、公共交通增建的方式，开始使用新的信息技术手段进行交通管理，以建立一种精准高效的综合交通管理系统。智慧城市中的自动驾驶汽车对于降低交通事故率、解决交通拥堵问题、保护能源有重要作用。以“保障安全、提高效率、改善环境、节约能源”为目标的智慧城市生态概念和自动驾驶汽车正在逐步融合。

智慧城市的愿景是将人们生活的城市打造成可持续发展的智慧生态系统。智慧城市的生态系统，是一个市民、企业、政府各司所长，共存共荣的系统。通过信息与通信技术的创新行为，市民获得各项智慧城市带来的便利服务并参与城市治理；企业利用高新科技和投资改善城市生态，获取商业利益；政府制定各种法规，并通过鼓励发展、开放数据引导各项创新，收获更高效率的城市服务和更完善的各种城市治理产品，并因科技创新而获得税收。

2012 年以来，我国陆续出台国家层面的智慧城市建设相关规划、评价体系等政策。2012 年 11 月，住房城乡建设部发布了《国家智慧城市试点暂行管理办法》和《国家智慧城市（区、镇）试点指标体系（试行）》，分别提出国家智慧城市试点申报和实施管理等内容和列明智慧城市试点的指标体系。2013 年 8 月，国务院发布了《关于促进信息消费扩大内需的若干意见》（国发〔2013〕32 号），提出了加快智慧城市建设的要求，同时鼓励在有条件的城市陆续展开智慧城市试点示范建设项目。2014 年 3 月，中共中央、国务院印发了《国家新型城镇化规则（2014—2020）》，明确提出要大力推进智慧城市建设，指明了智慧城市建设方向，以及智慧技术在城市中的关键应用领域。2014 年 8 月，我国八部委（发展改革委、工业和信息化部、科技部、公安部、财政部、国土资源部、住房城乡建设部、交通运输部）联合发布战略政策文件《关于智慧城市健康发展的指导意见》，再次确立了中国以智慧城市建设为目标的方向，同时也为我国的智慧城市建设明确了基本原则。

2015—2018 年的政府政策方向主要集中在支持智慧城市的基础设施建设和具体细分场景建设上。例如，地理信息升级、智慧交通发展、大数据平台建设等。2017 年 1 月，交通运输部发布了《推进智慧交通发展行动计划（2017—2020）》，提出未来智慧交通的发展应该实现基础设施、生产组织、运输服务、决策监管的智能化四个目标。2019 年 1 月，自然资源部发布《智慧城市时空大数据平台建设技术大纲（2019）版）》，明确了智慧城市建设是建设智慧社会的重要组成部分。

中国在智慧城市的建设上从政府政策层面给予了极大的支持。对于自动驾驶汽车而言，应该把握政府政策引导下的行业发展方向，为未来的发展找到目标。

2. 我国自动驾驶汽车的经济环境

IT 桔子数据统计显示，在自动驾驶汽车系统解决方案领域，有多家初创公司。从融资角度来看，投资事件由 2013 年的 1 件，逐步进入 2015—2017 的快速发展时期，并在 2017 年达到峰值 41 件。2018 年，小马智行、文远智行、图森未来等初创公司表现活跃。其中，小马智行与广汽集团以及比亚迪公司达成战略合作，并获得红杉资本、IDG 资本的战略投资；文远智行获得了英伟达、小鹏汽车、日产集团等的投资。

2017 年中国自动驾驶汽车投资备忘录显示：2017 年，共计有 187.3 亿美元的投资涌入自动驾驶汽车市场。我国庞大的人口基数及对移动出行业务的需求使得自动驾驶市场规模以指数级增长。庞大的投资使得中国自动驾驶汽车市场欣欣向荣。

3. 我国自动驾驶汽车的社会环境

汽车供应商大陆集团 2018 年 12 月公布了一项对不同国家自动驾驶汽车接受度的调查，该调查显示，中国对自动驾驶技术的接受度最高，德国和美国对该技术的接受度反而较低。其中，89% 的中国调查对象表示支持自动驾驶技术，德国和美国的调查对象表示支持该技术的分别为 53% 和 50%。波士顿咨询公司（BCG）报告预测：在 2035 年，将有四分之一的自动驾驶汽车会在中国被售出，我国自动驾驶汽车市场巨大。

4. 我国自动驾驶汽车的技术环境

在互联网信息技术时代，自动驾驶汽车是汽车行业发展的必然趋势。激光雷达图像感知、车联网、计算平台和高精度地图作为自动驾驶汽车研究的热点技术，汇集了大量科研人员的研究成果。截至 2018 年底，我国自动驾驶汽车专利申请超过 9 万件，相关的核心技术专利则超过数百万件。其中，80% 的专利申请均来自近 10 年。2018 年，与自动驾驶汽车相关的专利申请数量较 2017

年降低了33%，专利公开量增加了38%，这说明自动驾驶汽车相关技术逐渐进入稳定发展阶段，专利总量大，增长速度放缓。

世界各国的自动驾驶汽车专利申请数量呈现明显的地区差异，其中，中国自动驾驶汽车专利数量排名世界第一，是排名第二的美国三倍左右。2009—2017年，中国自动驾驶汽车相关技术的专利申请数量呈指数级增长，主要由于人工智能技术的推动和国家政策的支持。2017年后，由于行业发展逐步趋于稳定，自动驾驶汽车专利申请的快速发展阶段已在中国显现，中国进入自动驾驶汽车专利申请的稳定发展阶段。

自动驾驶汽车专利申请主要包括5个方向：图像感知方向、激光雷达方向、计算平台方向、车联网方向、地图方向。其中，图像感知方向、激光雷达方向和车联网方向专利的申请由美、日主导，而中国自动驾驶汽车专利申请主要集中在计算平台方向和地图方向上。

五、我国汽车产业升级对策

第一，中国的汽车产业应继续推进对外直接投资策略，尤其要加大对战略性资产的投资，以获得国外先进的技术、品牌、人力资源等，结合当下新能源汽车发展的趋势，此举措显得尤为重要。例如，重点关注“三电”（驱动、电池、电控）等核心技术的投资，快速学习国外先进技术，并化为己用。对于汽车产业链而言，当下汽车零部件企业应通过收购国外核心技术提升行业整体水平，解决供应链不足、配套能力差等问题，提升中国品牌整体竞争优势。

第二，减少低附加值汽车产品的出口，这可能是一个很长的过程，但从实证结果来看，只有不断提升出口产品的质量和品牌力，才能提升中国汽车行业的国际竞争力。

第三，加强企业研发力度，扩充高学历员工或对员工进行有效的学习型技术培训。现有研发力度的不充分尚不能促进汽车产业的升级，企业应该一方面通过对外直接投资和引进外商直接投资吸收国外先进技术，另一方面也应该从自身出发，加大研发力度，提升员工的知识技能水平。

第四，合理配置资本的投入，降低重复低效的运作投资，将资本投入具有更多附加值的项目。

第四节 我国的汽车出口

一、我国的汽车出口发展现状

汽车产业包含很多工业领域，包括组件、过程设计、金属等许多行业。汽车产业对于很多国家来说是支柱产业之一，我国的汽车产业也是如此，政府对汽车产业的建设发展投入了很多的关注与支持。目前，我国的汽车生产量位居世界前列，我国不仅是世界上最大的汽车制造国，同时也是世界上进口汽车的高消费国家。我国国内著名的汽车制造商也有很多，上汽、东风、广汽集团、吉利、北汽、比亚迪、奇瑞、江淮等车企生产的汽车都在国内汽车市场占有一席之地，但是在汽车出口方面，由于我国的汽车市场存在产品结构不合理、汽车产品质量低、售后服务体系不完善、出口市场较为狭隘等弊端，我国的汽车产品出口贸易有很大的局限。国内汽车产品主要销售到亚洲、南美洲、非洲等地区的发展中国家。对于我国来说，生产出高性能、高安全性、高燃比的汽车产品还是一个艰难的目标。

（一）出口规模起伏明显，与自身体量差距较大

我国的汽车整车出口发展并没有像国内市场那样顺利，国际形势的复杂多变使得我国汽车行业的发展波澜起伏。我国的汽车出口事业发展得比较晚，从2001年加入WTO之后，我国才开始与国际汽车市场接轨，之后的五年，我国汽车出口量不断增加，形势逐渐变好，当时的很多业内人士都认为我国的汽车出口量将在下一个五年内突破百万量大关。可是2007—2009年发生的全球经济危机使得国际贸易的外部环境处于恶劣的状态，我国的汽车出口受到一定的波及，由此造成了汽车出口量从2008年的68.1万辆直线下降至2009年的37万辆，汽车产业严重受挫。随后五年虽然在2012年汽车出口量突破百万辆大关，但是2013年之后汽车出口量又开始出现萎缩，形成负增长的态势，直到2017年才出现明显的回升，重新突破百万辆出口大关。

虽然近几年我国的汽车出口量有增长的趋势，但是从整体来看我国的汽车产业仍然处在初级阶段，与汽车产业国内的自身体量不同步。据国际汽车制造商协会数据统计，2018年，我国的汽车产量占全球汽车总产量的30%，生产量的占比很大，具体来说，其中国内汽车生产数量为2780万辆，全球汽车生产

数量为9570万辆。但是在汽车出口上，2018年我国的汽车出口金额为157亿美元，出口金额仅仅占全球汽车贸易金额的1.6%。2018年，全世界范围内的汽车出口总额达到9800亿美元，占世界商品出口总额的5.1%，远远超过成品油、集成电路、手机和计算机等产品。但是，中国的汽车出口金额仅占国内商品出口金额的0.6%。通过这样的对比可以明显发现我国的汽车外贸发展空间还很大，国内汽车企业想要获得更大的利益是绝对不能忽视广阔的海外市场的。扩大出口，加快海外空间的扩张，是化解我国汽车产能过剩、加快市场布局调整的必然要求。

（二）出口国家以发展中国家为主

我国的汽车主要出口目的国是亚洲、南美洲、北美洲等地的一些国家，国家“一带一路”倡议的实施为我国汽车行业提供了新的发展机遇。“一带一路”沿线国家主要为发展中国家，许多国家面临着基础设施落后和物流运输缓慢等问题，导致当地的经济发展较为滞缓，但是整体上市场广大，沿线的六十多个国家和地区中主要是发展中国家，整体的汽车消费需求仍处于初期的状态，与我国的出口市场定位大体一致，促进相互贸易对双方都是有益的，会带动贸易国的经济发展。一系列国际工程项目的建设也会间接地带动我国商用车的出口，如雅万高铁、瓜达尔港等的建设，将会极大地提高物流运输的效率，“一带一路”倡议的实施为沿线国家提供了便利的海、陆运设施，以及能源、电力、信息互联互通设施，为汽车贸易和交通运输提供了有利条件。

根据数据统计，2017年，我国的汽车出口贸易对“一带一路”沿线的出口规模为64.07万辆，同比增长23.75%，占总出口的比例超过了60%。此外，我国对“一带一路”沿线国家的汽车出口涉及范围越来越广，出口到越南、菲律宾、斯里兰卡等国的汽车数量也占很大比例。与上一年相比，2017年我国汽车整车出口至非洲的数量下降得较大，出口至美国和越南的数量也在下降，出口至墨西哥、孟加拉国的数量在增加。总的来说，我国的汽车出口市场还是以发展中国家为主。由于北美、西欧等发达国家对汽车质量、性能、排放量、技术认证等的要求较高，所以目前我国的汽车出口在发达国家的市场局面还未完全打开。

近年来，中国不断推动与有关国家在能源、交通、基础设施建设等项目上的交流与合作，旨在促进当地经济的有效发展，带动国内汽车消费的增长，同时致力于引领创建一个新的有秩序的贸易体系，促进国际贸易环境走向法制化和便利化。在汽车出口贸易的发展战略中，我国积极推动与沿线国家的贸易合作，鼓励国内企业提高出口产品质量，扩大行业开放水平，同时不断完善国际化的服务体系，改善贸易和投资环境，积极拓展海外融资渠道，促进汽车产品、技术、标准和服务的提升，实现走出去的目标。

（三）出口汽车以乘用车为主，商用车有所增长

国际标准《道路车辆 类型 术语 定义》（ISO 3833—1977）将汽车分为两类：乘用车和商用车。乘用车和商用车有各自不同的设计和使用特点。乘用车的运输对象主要是人和行李，有时也用于运送货物。包括司机在内，乘用车的座位被限制在 9 个以内。而商用车的运输对象主要是人和货物。我国对于商用车的定义是指所有的载货车以及 9 座以上的汽车。促进我国汽车出口是我国汽车工业发展的重要步骤，当前我国的汽车出口结构表现为由商用车向乘用车的转变，其中，轻微型车的出口在我国出口车型中占主导地位，而载货车和轿车的出口价值比重呈现逐步上升的趋势，整体的出口品种由单一货车向乘用车、商用车发展。2017 年我国汽车出口中排量在 1000 毫升到 1500 毫升的汽车出口数量最高，为 28 万辆，与前一年相比增加了 72%，占当年汽车出口总量的 26.9%，汽车排量在 1500 毫升到 2000 毫升范围内的汽油汽车出口数量为 20.2 万辆，同比增长 42.5%，占全年总出口量的 19.5%。此外，仅装有驱动电动机的主要用于载人的机动车的出口数量为 10.3 万辆，占总出口量的 9.9%。柴油和汽油货车的出口分别为 6.4 万辆和 5.2 万辆，分别占出口总量的 6.2% 和 5.0%。

（四）国有企业为贸易主体，自主品牌不断发展

2018 年我国的国内汽车销量为 2808.1 万辆，这是自 1990 年以来国内汽车销量首次下降，比 2017 年下降了 2.8%。国内的汽车企业将出口作为化解内销压力的途径，汽车产品质量和服务的提升以及广阔的海外市场对我国汽车行业的出口贸易带来利好条件。2018 年我国汽车出口增长了 11.3%，达到 115 万辆，继 2017 年之后连续两年汽车出口量超过百万，总价值达到 971.5 亿元，增长 8.3%。我国的汽车出口企业以国有企业为主体，自主品牌的研发生产也促进了汽车产品的出口贸易，如上汽名爵系列、长城哈弗系列等。2020 年我国汽车出口数量为 99.5 万辆，排名前十的车企如表 1-1 所示，这十家企业共出口汽车 89.5 万辆，占汽车企业出口总量的 89.9%。

表 1-1　2020 年中国汽车生产企业出口十强

汽车生产企业	出口数量 / 万辆
上汽	32.3
奇瑞	11.4
长安	8.2
吉利	7.3
长城	7
东风	6.9
北汽	5.4
大庆沃尔沃	4.1
江淮	3.7
重汽	3.1

基于我国在不断开拓新兴市场方向上的努力，我国的汽车出口量呈现逆势增长的态势。2018 年，我国汽车产业对拉美地区的出口金额达到 223 亿元，同比增长 32.5%。

结合已有的数据来看，出口经济的发展与国际形势密切相关，而我国汽车企业在品牌、创新研发以及服务等方面和国外发达国家的水平还存在一定的差距。面对全球经济瞬息万变的局势，我国企业更应该严于律己，精益求精，不断地提升自身的技术和质量，关注自身品牌效应，优化服务体系，扩大国际影响力，才能为自身的长远发展打下基础。

二、我国的汽车出口对策

（一）提高我国汽车产品垂直专业化水平

垂直专业化分工是指各国中间品贸易增多，同一产品的生产跨越多个国家或地区，每个国家或地区有针对性地对一个或多个生产环节进行专业化的生产。其主要的表现形式是一国或地区向他国进口中间品进行再加工，加工后的产品再以投入品的状态被第三国进口，这样的过程一直持续到最终产品的生产完成以及产品出口到目的地为止。我国的汽车产品和国际先进汽车产品之间还存在较大差距，汽车出口目的地以发展中国家为主，提高汽车国内附加值对于我国汽车企业在国际贸易中获取更多的利益至关重要。我国汽车垂直专业化分工水平越高，对于我国汽车出口增加值的提升越有利。在全球价值链体系之下，汽车产品生产应该紧密结合本国的生产特点、要素禀赋、技术水平等因素，提升垂直专业化水平，从而促进贸易增长，带动出口增加值的提升。

（二）完善汽车产品出口结构，扩大出口规模

促进我国汽车产品出口增加值的提升，可以从扩大出口规模的角度考虑。在汽车产业的出口结构上，我国的汽车出口产品大部分属于劳动密集型产品，国际市场获利的能力不足，核心技术比较依赖国外公司的产品制造，附加值低，且在汽车产品的出口中，零部件的出口规模占比较高，整车出口还有很多的发展空间，整体上呈现不合理的分布状态。从汽车出口的车型上来看，我国的汽车出口以中低档经济型汽车为主，也就是说汽车类型的出口结构需要得到改善；从出口目的地看，我国的汽车更多出口到伊朗、孟加拉国、智利等国家。2017年，我国的汽车出口总量达到了103.8万辆，与上年相比增长了43.1%，总出口价值为897.8亿元，同比增长了27.2%，出口到发展中国家的汽车出口量占总出口量的近60%，而出口到日本、德国、美国等西方发达国家的汽车数量相对少一些，这也在某种程度上表明我国的汽车出口产品在发达国家的竞争力不足，还需继续提升。

我国的汽车产品出口也面临一些低价出口带来的贸易壁垒，从整体来看，我国的汽车出口结构还存在很多问题，想要改变当前的不合理出口面貌，企业需要调整出口市场规划，丰富汽车出口类型，同时注重汽车制造的质量和技术的提升，在企业管理上注重方法的变革，从细微处着手，从而树立品牌，促进出口。

此外，我国对新能源汽车的发展关注度很高，在新的发展浪潮中，企业可以考虑改变观念，增加对新能源汽车产品的研发投入，打开一片新的天地。从环保角度来说，汽车电动化是我国解决能源与环境冲突的最佳途径，面对全球石油短缺的现状，发展新能源汽车可以从根本上实现经济的可持续发展。

（三）加大科研经费投入，提高自主创新能力

从技术进步与创新的影响因素着手研究其对我国汽车出口增加值的影响效果，实证中虽然出现回归效果欠佳的情况，但是从我国汽车出口背景以及实证数据年份有限的角度分析，技术进步与创新在汽车产品对外贸易中仍然会产生非常重要的影响。

由于我国汽车产品的生产制造很大一部分倚赖国外的核心技术，零部件的

生产制造在全球价值链的地位还有待提升，汽车产品出口整体的附加值不高，很难占领发达国家的市场份额，长期以来，我国的车企也在和国外的很多企业进行合作，如与跨国汽车公司合资、引进前沿的高新技术和管理方式等，但是由于这种发展模式会过多地倚赖国外企业，导致我国车企的发展受限，没有形成自己的知识产权。技术和创新能力上的差距必然会影响我国汽车自主品牌的发展，研发能力的薄弱使得我国的汽车产品生产制造附加值偏低，最终也会影响我国的汽车出口贸易。

但是另一方面，近几年我们也能看到我国的汽车产业发展迅速，汽车产业的自主创新能力在逐步提高，我国的一些车企已经在部分核心技术领域上取得进展，自主创新能力不断地得到累积。早在 2011 年，由北汽集团研发的自主品牌发动机成功下线，其性能在测试中已经可以达到甚至是赶超萨博原机的水平。从这里也可以看出我国汽车企业这些年通过自身的努力在自主创新、成立自主品牌的道路上一直在不断地努力。在我国车企的对外贸易发展上，不得不关注的是，虽然近几年全球经济复苏，人们的消费水平也得到提高，汇率的波动等因素使得我国汽车出口数量有所回升，但是世界格局的多变、贸易战的出现等都使得当今的世界贸易格局变得严峻，要想在世界范围内站稳脚跟，就必须加强自身的核心技术研发，积极引进高端制造业人才，加大资金技术的投入，发展本国、本企业的核心竞争力。

在汽车产业发展上我们要转变发展思路，坚持走开放式的自主创新道路。这就要求企业既能“走出去”又能“引进来”，一方面坚持合资合作，加强国内外企业的合作交流，抓住时代机遇，缩小与先进企业的差距，紧跟时代潮流，才能为国内车企的发展赢得一席之地，另一方面也应该形成自己的核心技术，把握当今信息现代化的有利条件，合理利用好国内提供的资源优势，不断深化自主品牌的研发投入，提高汽车产品的质量和性能，壮大自身的自主研发能力，从而为提高汽车产品出口增加值带来全方位的突破。

（四）加强汽车人才队伍建设

出口增加值的增长离不开要素禀赋的投入，除了科研经费的投入之外，劳动力的投入对促进汽车出口增加值的提升有着基础性作用。在劳动力资源中，高质量的管理、技术性人才对企业的发展会产生深远的影响。汽车行业的发展离不开人才队伍的建设，企业应该制定良好的激励政策，加快人才队伍建设的步伐。人才作为事业的根本，需要企业重视起这一发展之本，通过不断地指导、保障以推进人才工作，达到发展好、利用好、凝聚好人才的目的。汽车企业人才队伍建设的一大关键因素在于企业要正确认识自身人才资源的短板所在，从制造、销售、研发各个角度考察自身汽车人才的需求情况，才能着手进行人才招引工作。不仅要关注研发人才的引进，还要着力提高各种管理类人员的综合水平，在强化企业制度的同时保障好人才队伍建设的快速成长，从员工的招聘、培训以及晋升方面做细致的管理引导，不断探索人才培养和成长的规律，建设多元化的人才队伍模式。

我国的汽车制造业欠缺高素质、高技能人才，劳动力也比较匮乏，很多车企也在寻求新的突破口以促进汽车品牌的发展。此外，高技能人才的培养和制度保障方面还存在一定的缺陷，政府也密切关注各行各业高技术人才的薪酬待遇问题。在探索人才培养模式中，本着互惠互利的原则，企业可以考虑和学校达成合作意向，有意识、有目的地开展人才培养工作，国内的品牌车企和学校签署合作协调发展项目协议，每年定期组织课程和技术培训，将先进的汽车技术和前沿的汽车行业发展知识带到课堂，促进理论和实践的结合，也为未来学生进入社会、进入企业做好扎实的铺垫工作。

现如今的汽车生产模式以及销售方式促使汽车行业急需大量的高技能人才，更欠缺集服务、技术和管理于一体的综合型人才，培养一批具有专业知识、创新意识和管理能力的汽车行业人才是目前国内车企人才计划的方向，而学校里注重理论和实践相结合，有目的地提升学生的技术和理论知识所培养的应用型人才在未来的就业市场上也会变得非常抢手。

目前，在我国“一带一路”倡议下，人才的培养开始注重与周边国家的交流合作，国际化的人才更符合现在的发展潮流，开展多边汽车行业知识交流活动有利于拓宽视野，企业应该把握好发展机遇，积极与沿线国家的汽车技术、管理等方面的人才进行交流活动。只有提高汽车行业的劳动力素质，才能为企业的创新带来源源不断的动力。

（五）抓住政策支持，实现长远发展

为了促进我国的汽车产品出口发展，政府出台了许多政策法规，以此来推动国内车企实现走出去的目标。想要扩大汽车的海外销售量不仅需要产品本身满足消费者的质量和服务需求，还需要前期及时地了解海外汽车市场的信息，知晓出口目的国的市场准入政策。2019 年，我国政府更加注重对国外汽车出口市场最新政策以及发展趋势的信息反馈，目的是帮助国内企业充分了解国外汽

车市场的技术法规以及技术认证，采取更加积极的态度应对国际市场准入壁垒。商务部外贸司表示，2019年的国际贸易形势比较复杂，给国内汽车出口企业带来了巨大的挑战。商务部积极协同政府相关部门采取措施，以促进我国的汽车企业实现健康有序的外销发展。同时，政府也将继续扩大对外开放，营造良好的国际营销服务环境，严格规范国内车企的出口秩序，积极吸引外资，努力督促国内企业提高本国汽车产品质量，增强国际竞争力。

第二章　现代汽车零件毛坯制造工艺

汽车由各种零部件组装而成，而机械零部件占有重要的部分。常用机械零部件的毛坯制造工艺有铸造、锻造、冲压、焊接等。各零部件的形状特征和用途不同，其毛坯制造工艺也不同。本章分为汽车铸造工艺、汽车锻造工艺、汽车冲压工艺、汽车焊接工艺和汽车塑料成型工艺五个部分，主要包括铸造工艺、锻造工艺、冲压工艺、焊接工艺等内容。

第一节　汽车铸造工艺

一、铸造工艺

铸造作为经济便捷的成型工艺，被广泛应用于汽车制造中。汽车的许多零部件是由铸造工艺加工而成的，如发动机汽缸、制动鼓、变速箱箱体、各类壳体以及各种支架等。砂型铸造因成本低、适用范围广、工艺简单，被广泛应用于汽车生产过程中。其工艺流程如图 2-1 所示。

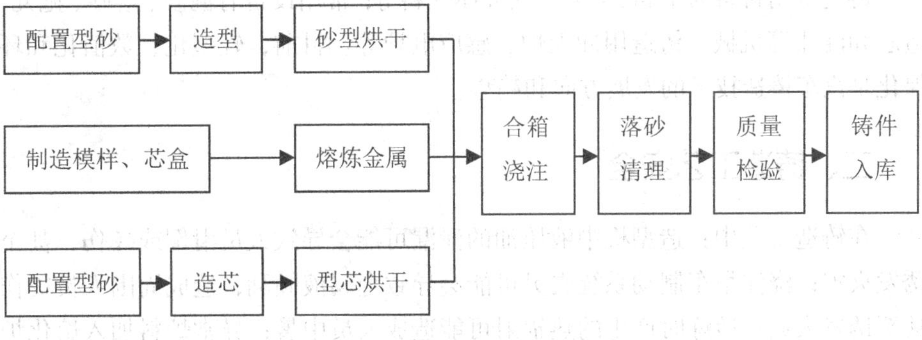

图 2-1　砂型铸造工艺流程

汽车制造业中除了砂型铸造，常用的铸造方法还有离心铸造、压力铸造、金属型铸造和熔模铸造等。其适用范围及主要特点如表 2-1 所示。

表 2-1　几种常用铸造方法的比较

比较内容	砂型铸造	离心铸造	压力铸造	金属型铸造	熔模铸造
使用金属范围	任意	铸铁、铜合金为主	铝合金、锌合金等低熔点合金	有色金属为主	铸钢为主
铸件大小	任意	不限	10 kg 以下小铸件，也可用于中等铸件	中小铸件为主，也可用于数吨大件	一般小于 25 kg
生产批量	不限	成批、大量	成批、大量	大批、大量	大批、大量，单件
铸件尺寸精度	IT14 ～ IT15	IT12 ～ IT14	IT11 ～ IT13	IT12 ～ IT14	IT11 ～ IT14
铸件表面粗糙度（*Ra*）/μm	粗糙	内孔粗糙	3.2 ～ 0.8	12.5 ～ 6.3	12.5 ～ 1.6
铸件内部质量	结晶粗	缺陷很少	结晶细	结晶细	结晶粗
铸件加工余量	大	内孔加工量大	不加工或精加工	小	小或不加工
机械化程度	低、中	中、高	最高	中、高	低、中
设备费用	中、低	中	高	中	中

铸造常用材料为金属、焦炭、气液体燃料等；常用设备有混砂、落砂、抛丸、造芯和浇注等机械，铸造用冲天炉、感应电炉等。目前，轻型化、数值化和环保化是汽车铸造技术的发展方向和趋势。

二、铸造工艺安全

在铸造工艺中：造型机中液压油的泄漏可能会导致人员滑倒或摔伤，甚至诱发火灾；浇注吊车制动系统失灵可能会导致金属液倾翻，造成周围人员烫伤甚至诱发火灾；熔炼时产生的热辐射可能造成人员中暑；异常炉料加入熔化炉可能引起爆炸；备砂、开箱、清砂以及打磨清理过程都会产生粉尘和噪声；粉尘不仅污染环境也易诱发尘肺病；持续的高分贝噪声会使人听力下降，严重时会诱发噪声聋；各种机器振动易引发物理性职业病；电动工具漏电极易造成触电事故。

厂房布置。厂房主体宜选择南北方向。铸造车间四周应设有绿化带。热源上方宜设避风天窗或屋顶通风器，且天窗应防雨。熔化区、浇注区、落砂区及清理区等处机械应安装牢固且相应防护装置及除尘设施必须完好有效。

工艺布置。对于规模较大的铸造厂，其落砂处理和清理车间可单独布置。大批量的清理工作台连续成排布置时，应将各工作台面分开。浇注区应有良好的通风设施。落砂、清砂、打磨、切割和焊补等工序宜固定作业场地。

砂轮机安全要求。砂轮应无裂纹和损伤，托架安装应牢固可靠。砂轮机的防护罩、法兰盘、软垫及接地装置应符合要求，运行应平稳可靠且磨损量不得超标。

炉窖的安全与防尘。冲天炉的烟尘净化宜采用袋式、旋风、滤筒或电除尘器等机械排烟设备。熔铜、锌、镁用坩埚炉以及感应电炉、电阻炉、反射炉均应设通风除尘系统。烟气中含有易潮解的粉尘时应采用防水防油滤料并有保温或加热措施。有腐蚀性烟气时应采取防腐蚀措施。烘干炉、退火炉和热处理炉宜采用燃气或电加热，加热炉炉门循环冷却水应保持正常流通；炉体应完整，管道无泄漏且附属设施安全可靠，炉坑应有护栏和盖板。

有害气体处理。制芯、造型、烘干及热装配等过程产生的有害气体，浓度超标时需先净化。除尘器的卸灰阀应密闭良好并防止漏风。通风除尘系统每半年应至少检测一次，并根据管道的积尘情况每年应清理 1 ～ 3 次。

第二节　汽车锻造工艺

一、锻造工艺

锻造是指利用金属的可塑性，对坯料加压或使用模具加工使之产生变形得到一定的形状、尺寸和性能的锻件的方法。由于锻件的可靠性、强度较高，因此汽车发动机、前悬臂架、前桥、转向、后桥和差速器等部件的轴、连杆、接头、阀门和轴承座圈等均由锻造工艺制成。常见的锻造工艺基本流程如图 2-2 所示。

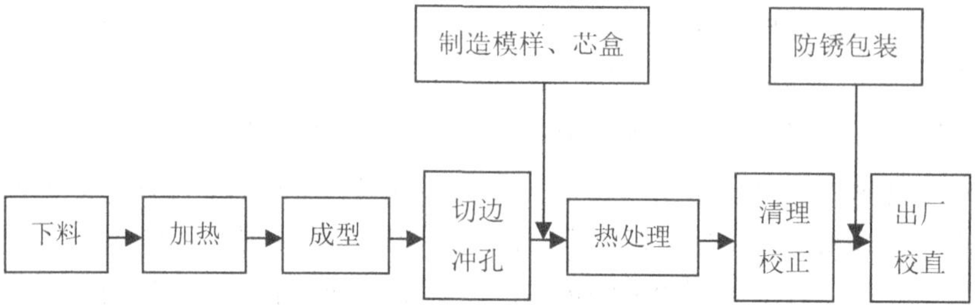

图 2-2　锻造工艺基本流程

汽车行业大部分锻件都是用模锻加工的。根据成型温度的不同，可将模锻分为热锻、温锻、冷锻和等温锻造四种。热锻坯料的加热温度一般在 1200 ℃左右，此温度下坯料具有良好的延展性，变形抗力较小。冷锻在常温下进行，生产率、产品精度和强度较高，但金属材料在常温下变形抗力较大，对设备和模具要求很高。温锻加热温度与金属材料有关，黑色金属变形温度一般为 200 ～ 850 ℃，有色金属则为室温以上 350 ℃以下。等温锻造通过自带加热和保温装置的模具使坯料成型时具有与模具相同的温度。此外还有一些特殊锻造工艺，如辗环锻造用于加工环形件，如齿轮圈、法兰、轴承套圈等；横轧与斜轧锻造用来轧制回转体类零件，如齿轮、链轮、花键轴等。

常用的模锻设备有锻锤、压力机、平锻机、铆锻机和辗锻机等，加热设备有感应电炉、煤气炉和煤油炉等。目前，轻型精密锻件已成为企业生产的目标，复合锻造、锻压机器人等技术逐渐被采用。

二、锻造工艺安全

锻造加工时，机械设备、工具或工件的非正常运行以及人的违章操作都易导致机械伤害，如锻锤、锻件或辅助工具打飞击伤人，原料或锻件等在运输过程中造成的砸伤等。此外，红热的坯料、锻件及飞溅氧化皮极易造成烫伤，遇到易燃易爆物品时极易引发火灾和爆炸事故。火焰炉使用的各种燃料燃烧时产生的烟尘和有害气体易使人中毒。高频电磁辐射易引起头晕、乏力、记忆减退和失眠等。锻件酸洗过程中的强腐蚀性液体对操作人员的皮肤和呼吸系统都可能造成伤害。

厂房布置。地面材料应选用耐热、耐冲击材料。热锻作业点、锻件酸洗间和清理间等易产生有害物质的区域应设置除尘装置，且排风装置能力应足够。气体分配站、储气罐和油罐应在安全距离外专门放置。酸洗间的墙壁和地面应光滑、防潮并易于清理。设备基础地坑内、地下烟道及地下各类动力管沟均不得渗出地下水。厂房内设置的灭火器应足够，还应设置紧急报警和避雷装置。

生产装置要求。锻锤锤头应无裂纹，更换、调整和修理锻锤时必须关闭进气阀，并合理设置防护装置。压力机使用时应随时检查各组件有无故障并及时排除。燃煤、燃气及燃油加热炉的点火、运行或停炉必须严格按规程进行，且应设置有效的消烟除尘装置。电炉还应设置防触电装置。酸洗间应独立设置在厂房的下风侧并设置抽风装置和防护栏。模具及装置应安装牢靠。

防护装置要求。重要的控制室、配电间及仪器应配备火灾自动报警装置。加热炉应设置有效的隔热和除尘措施且尽量采用湿法除尘。废水应经除渣、除油、净化后排放，排放温度应在40℃以下。炉渣应尽量回收利用，滚筒、喷丸设备除尘的废渣应及时处理。防护装置应按要求定期检查。

第三节 汽车冲压工艺

一、冲压工艺

汽车车身骨架主要由不同强度、厚度的钢板构成，这些钢板需要在冲压车间通过模具经由冲孔、拉延、修边、翻边等工艺成型，使板材转化成车身骨架、四门两盖以及一些其他车身构成件，以散件的形式送至下一道工序。

冲压是通过冲压设备对板料施加外力，最终得到具有一定性能或特定形状和尺寸的零件的加工方法。零件主要由冲裁、弯曲、拉延和成型四个基本工艺组合加工而来。由于其具有生产效率、材料利用率、机械化和自动化程度较高且操作简便等特点，汽车车身覆盖件、车厢侧板、底板和座椅骨架等均由冲压加工而来。

冲压的常用设备是压力机，压力机的使用基本贯穿整个冲压过程。压力机主要由拆垛系统、清洗喷油、坯料对中、压力机各工位和零件输送系统等组成。随着高强度钢板、铝镁合金和碳素纤维材料等新材料的出现，激光拼焊板技术和冲压热成型技术等新技术的广泛应用，压力机也得到进一步的优化。目前，多工位压力机已经能实现多个工位布置在一台机器上，既缩短了传送距离也提高了效率。

二、冲压工艺安全

在冲压车间使用起重机吊运大量重型模具时，物件捆绑不牢、吊钩出现裂纹、钢丝绳断裂数量多、各工位配合不协调以及安检不到位等都易引发起重伤害。各种压力机或机械手的使用不仅产生了巨大的噪声，也增大了撞击、剪切或物体飞溅伤人的危险。备料过程中各种运输毛坯、成品、料头及料尾的小车速度过快或经过交叉路口和障碍物时都易造成撞击等车辆事故。电气设备使用及检修过程中的操作失误、防护不当易引发触电伤害。

作业环境及条件要求。夏季车间温度不宜超过 32℃，高温时应立即采取防暑降温措施。对于加热、清洗过程以及烘干室产生的烟尘，应设置良好的通风装置。除安全灯、指示灯外，不宜采用有色光源照明。压力机、剪板机应采用隔音墙或隔音板防止噪声传播。通道应确保畅通，地面无积水、油等。

平面布置要求。压力机、起重机应与墙壁、通道及支柱有一定距离，确保其运行时不会对职工安全造成威胁。大型模具、板料应堆垛存放并放置在垫木或垫铁上，且垛高必须在规定范围内，模具、冲压件存放架应坚固、稳定。

工艺与冲模要求。手工上下料应尽可能设置让位槽以避免压手。冲模可动零件应设置限位装置以防止弹出，且冲模部件应有防松及防脱落措施。液压机应有滑块锁止装置以防止意外滑动。各生产设备应协调，运行时无安全隐患。

安全操作要求。压力机、冲模操作工及维修人员工作前禁止饮酒。生产人员的着装应严格按车间规定。设备启动前应检查周围环境，确认无危险后才能启动。工件的取放严禁用手，设备维修时应挂警示牌。

安全管理要求。车间内安全标识牌应清晰，设备运行有异常时应立即停机检查。企业应对使用中的设备及模具每隔半年或一年进行一次全面检查并详细记录。严格进行新员工的安全培训，新员工考核合格后才能上岗。

第四节　汽车焊接工艺

一、焊接工艺

焊接是指通过加压或加热使两个不同的物质连接起来的过程。焊接根据过程的不同可分为熔焊、压焊、钎焊等。根据热源的不同，熔焊又可分为气焊、电阻焊、电子束焊、电渣焊和激光焊等。

电阻焊加热快、成本低且无有毒气体产生，故被广泛应用于车门、车身、底板总成，发动机盖、顶盖和油箱总成的制造过程中。此外，车身骨架和车身总成的焊接中也会使用到二氧化碳气体保护焊，车身总成补焊时还会用到气焊，水箱的焊接常用钎焊。

焊接常用设备有各类点焊机、电焊机器人、二氧化碳焊机、螺柱焊机和激光焊机等。车身的焊接工艺水平直接关系到汽车产品的外观、质量及使用性能。因此，焊接完成后必须进行焊接接头检验和焊接质量评定，以及时发现并弥补可能存在的裂纹、气孔、未焊透及漏焊等缺陷。焊接接头常用力学性能试验，化学分析，金相试验，焊点扭转试验，外观、水压、致密性试验和无损检验等进行检验。

二、焊接工艺安全

电焊机通过电能转化为热能来加热焊件，一旦设备漏电、绝缘损坏，就很可能发生触电事故。气焊作业中大量使用乙炔、液化石油气等可燃易爆气体，一旦发生泄漏极易形成爆炸混合物，遇上气焊、电焊等明火作业产生的金属火星极易发生爆炸。大量焊接熔渣的四处飞溅易造成烫伤、烧伤事故。焊接产生的金属粉尘，烟尘中的氧化铁、氧化锰和氟化物等有害气体，紫外线、红外线等焊接弧光，以及高频电磁场、噪声、放射性物质，若防护不当将严重危害职工的身体健康。

防护要求。焊接设备、焊机、钢瓶和电缆等应稳妥放置并确保无安全隐患。焊接时应用不燃性或耐火隔板隔离，作业人员必须带护目眼镜或面罩且佩戴防护服、手套及护腿工具，污染较重时必须使用呼吸保护装置。气瓶在安放、搬运及使用时应牢固竖立或装在专用架车上，且必须储放在远离电梯、楼梯和过道的地方。

通风与消防要求。进行焊接与切割作业时应保证充分的通风，周围应无火灾隐患；火源无法转移时应采取措施以限制火源。操作车间必须配备足够的灭火装置，对发生过火灾的区域应安排火灾警戒人员。焊接装有易燃物的容器时，必须采取相应的安全措施且严格按规程操作。在箱体、锅炉或容器等封闭空间内焊接时，必须提供呼吸装置并有防止可燃气体进入的措施。通风管道必须采用不燃材料并进行定期检查。

氧－燃气焊接与切割安全要求。氧气瓶与氧气设备必须与油品、润滑脂及可燃爆炸物隔离。气瓶的充气须由专业人员进行，严禁直接倒气。气瓶须远离电梯及过道并稳固储存，储存温度不能超过 40 ℃，且距可燃物至少 6 m。气瓶搬运时必须关闭阀门，存在泄漏时应及时关闭阀门或者移走。

电弧焊接与切割安全。弧焊设备应放在干燥通风且远离有高温、振动、碰撞或易燃品的地方，且其外露带电部分应做好防触电措施。焊机、发电绕组、发电机燃料系统及接地装置均应定期检查。焊接回路禁止用带电物体，电气连接不能出现过热或火花；操作时必须保证绝缘以避免与带电体接触或发生电击事故。

三、焊接工艺的发展——焊接机器人技术

在汽车制造中，在保证产品的质量的同时，要求能够高效率、批量化地生产，这使得焊接机器人在汽车焊接生产中得到了充分的应用。焊接机器人是自动化程度较高的一种焊接设备，并且其主体独立、可操作程度高、动作自由化程度高、编程方便。在实际生产线中，焊接机器人具有焊接质量好、焊接效率高、焊枪姿态稳定、焊接精确度高等特点，因此，焊接机器人是焊接设备柔性化的优秀选择之一。在焊装生产线中，焊接设备是重要组成部分之一。目前，采用的焊接机器人的自动化程度是焊装生产线柔性化程度的重要检测标志。在国内汽车生产线上，点焊机器人所安装的焊钳大部分是气动焊钳，焊接时的冲击力较大。当焊接重复精度较差且电极位于板材边缘的元件时，气动焊钳容易打滑，进而损坏焊接元件。目前在国外，逐渐采用伺服焊钳去代替气动焊钳，以提高焊接机器人的工作可靠性。由伺服电机控制伺服焊钳的启动和停止，可以大幅减少每个焊点的焊接周期。电极间的压紧力可以实现无极调节，减少焊接时的变形以及焊接时产生的噪声，并且焊接时能精确控制焊钳，从而提高焊接质量。

第五节　汽车塑料成型工艺

一、汽车塑料制品的优势

塑料材质本身属于节能环保材料，不仅价格低廉，性能也好，如最基本的防震、隔热、绝缘、抗腐蚀。其生产方法简单，复合能力很强，性价比远远超出其他同等材料。

一是从外形外观最直接的角度来看，塑料的着色性是很显著的，任何颜色都可以融入设计理念中，自由度极大，通过一些技术处理，其可叠加、可填充，对于机械基本性质有很大改善。

二是塑料能批量化生产，可避免制作时间长、成本昂贵的问题。复杂多样

的塑料制品可通过尽量简单的工序完成，如果大量投入生产对于传统模式来说将会是一场盛大的技术更新，对于塑料制品工艺也是创历史的举措。由于技术领域的深入研发，如今人们对于塑料的制作工艺又有了很大的提升，它不仅在高分子材料学有涉及，对于模具的生产也有涉及。

二、汽车塑料加工方法

（一）配料

配料是指为使有机合成工厂生产的聚合物适合最终使用目的而以化学变化或加入添加剂的办法获得所需要性能的调整工序。塑料加工所用的原料，除聚合物外，一般还要加入各种塑料助剂（如稳定剂、增塑剂、着色剂、润滑剂、增强剂及填料等），以改善成型工艺和制品的使用性能或降低制品的成本。添加剂与聚合物经过混合，均匀分散为粉料，又称干混料。有时，粉料还需经塑炼加工成粒料。这种粉料和粒料统称配合料或模塑料。

（二）一次加工——成型

一次加工是塑料加工的关键环节。它将各种形态的塑料（粉料、粒料、溶液或分散体）制成所需形状的制品或坯件。一次成型的加工流程如图 2-3 所示。

图 2-3　塑料一次加工

（三）二次加工——表面处理和装配

1. 机械加工

机械加工是指借用金属和木材等加工方法，制造尺寸很精确或数量不多的塑料制品，也可作为成型的辅助工序，如挤出型材的锯切等。由于塑料的性能与金属和木材不同，塑料的热导性差，热膨胀系数、弹性模量低，当夹具或刀具加压太大时，易引起变形，切削时受热易熔化，且易黏附在刀具上。因此，对塑料进行机械加工时，所用的刀具及相应的切削速度等都要适应塑料的特点。常用的机械加工方法有锯、剪、冲、车、刨、钻、磨、抛光及螺纹加工等。此外，塑料也可用激光截断、打孔和焊接。

2. 接合

接合是指把塑料件接合起来的方法，其方法主要有焊接和黏接两种。焊接法包括使用焊条的热风焊接，使用热极的热熔焊接，以及高频焊接、摩擦焊接、感应焊接、超声焊接等。黏接法按所用的胶黏剂，可分为熔剂、树脂溶液和热熔胶黏接。

3. 表面修饰

表面修饰的目的是美化塑料制品表面，通常包括：机械修饰，即用锉、磨、抛光等工艺，去除制件上的毛边、毛刺，以及修正尺寸等；涂饰，即用涂料涂敷制件表面、用溶剂使表面增亮、用带花纹薄膜贴覆制品表面等；施彩，即彩绘、印刷和烫印；镀金属，即真空镀膜、电镀和化学法镀银等。

三、汽车塑料成型工艺

（一）压缩成型法

压缩成型法用于热固性树脂（酚醛、环氧、不饱和聚酯等）成型模型内充填经过计量的材料，使工艺时间与材料的熔化速度相吻合，加热、加压并保持一定时间，使之固化成型。有时，为了提高成型效率和产品质量，也可将成型材料在注入模型之前先经预热。

（二）注塑成型法

注塑是使用注塑机（或称注射机）将热塑性塑料熔体在高压下注入模具内经冷却、固化获得产品的方法。注塑也能用于热固性塑料及泡沫塑料的成型。

塑料注射成型机又称注塑机，是应用最为广泛的塑料加工机械设备。根据不完全统计，有 1/3 以上的塑料加工件是由注塑机生产出来的，占所有塑料机械的 45%。目前，塑料制件在国防工业、化工产业、汽车制造业等各行各业的应用十分广泛，市场上对此有很大的需求，在过去的几十年里，我国的注塑相关行业规模在以年均 30% 的速度扩大，慢慢地已变成化工机械行业的翘楚。

近年来，注塑件凭借自身小巧便携的优势进入千家万户，这也促进了注塑机厂家的快速发展，许多工业发达的国家正在逐步提升注塑机的品质、精密程度并不断加强注塑机的一些功能，同样也更专注于大中型、专用型注塑机，精密型注塑机和反应发泡成型机的研发，以便满足市场对特殊性能塑料制品的要求。从全球市场的布局来看，德国凭借其工业化程度的领先优势，在注塑机行业中位居世界第一位，出口额占全球的20%以上，有着绝对的领先优势。日本和意大利紧随其后，排在第二、三位。美国的注塑机出口也有一席之地。排名靠前的这些国家，他们生产的注塑机牢牢把控着整个注塑行业。如今，这样的格局似乎有些改变。美国工业市场的研究表明，美国和日本对塑料机械的需求开始出现复苏，西欧市场的需求同样也在恢复增长。以中国、印度等为代表的亚洲新兴市场的塑料机械销售前景也逐渐被看好，这也为中国的塑料机械的发展带来新的契机。

在20世纪50年代中后期，我国自行生产的第一台注塑机诞生于江浙沿海一带，但是由于当时我国在注塑行业基本属于空白，所以技术不高，只能自行生产一些技术含量较低的简单塑料制品。随着时间的推移，国家对注塑行业的重视程度越来越高，加上以北京化工大学为代表的越来越多的高校专门开设注塑机械的相关课程，注塑成型技术在我国得到了迅猛的发展，这也使越来越多精度高、自动化程度高的注塑机在我国研制成功，并且投入市场生产当中。目前，我国的塑料机械相关企业大多分布在珠江三角洲、东南沿海等地区。

（三）挤出成型法

挤出成型法即挤塑，是使用挤塑机（挤出机）将加热的树脂连续通过模具，挤出所需形状的制品的方法。挤塑也用于热固性塑料的成型，并可用于泡沫塑料的成型。挤塑的优点：可挤出各种形状的制品，生产效率高，可自动化、连续化生产。其缺点：热固性塑料不能广泛采用此法加工，制品尺寸容易产生偏差。它常用于薄膜、板、管及电线包皮的成型，在汽车上一般用于保险杠的制作。

（四）吹塑成型法

吹塑成型法是一种用于加工瓶类等中空容器的方法。吹塑一般都是借助气体压力来将装有融化塑料的模具吹成中空制品的。这种方法造价低，工艺简单，一般用于汽车暖风管或者燃油箱等的制作。

（五）研光成型法

研光成型法是指将原料在平行安装着的3～4个铸钢轧辊机构内进行2～3次连续压延的方法。除压延机外，研光成型还需可塑化原料搅拌机、混炼机、开式研磨机（精炼）等设备。

（六）真空成型法

真空成型的原理：首先把经适当加热装置加热软化的热可塑性树脂薄板蒙敷在为进行真空吸引而钻有许多小孔的模型上，然后将其外部与周围空气密封隔绝，最后从真空抽气孔把模腔内部的空气急速排除。

（七）MuCell 微发泡成型

MuCell 微发泡成型主要应用物理介质的发泡模式，它的部件相比其他工艺来说是很轻的，对于尺寸的把握很精准并且稳定性良好，材料需要也少，时间也短。它的产品一般用于气体重量感应器的制作，如引擎箱等。

（八）吸塑成型

吸塑成型就是将塑料材料加热到一定的弹性状态，在其与模具间抽真空使它贴合模具四周，最后冷却即可定型。这种工艺一般用于汽车的装饰件、冷风管、灯框等的制作。

（九）纤维增强复合材料加工

纤维增强复合材料加工可分为长纤维注塑成型、连续纤维注塑成型、玻纤毡增强等方法，它主要利用纤维本身的特性——高强度和刚度来对塑料的性能进行改变。纤维增强复合材料（FRP）是汽车塑料制品中应用最广泛的，其中，片状模塑料（SMC）成型是最常用的方法。SMC 主要是将热固性树脂、纤维等材料组成的塑料模具经过热压成型，一般用于汽车的散热器、保险杠还有一些外部材质的车顶、仪表盘、车门等各种装饰的制作。这种技术目前广泛应用于美国、欧洲西部等地。

第三章　现代汽车零件机械加工工艺及数控技术在其中的应用

汽车零件机械加工工艺是现代汽车零部件生产与制造中的重要一环，数控技术是机械行业实现加工专一化、集成化的关键技术，对经济建设具有重要的影响。本章分为汽车零件机械加工工艺分析、数控技术在汽车零件机械加工中的应用两个部分，主要包括车削加工、钻削加工、磨削加工、铣削加工、镗削加工、汽车零件机械加工中数控技术的应用等内容。

第一节　汽车零件机械加工工艺

一、车削加工

（一）车削加工及典型的加工工艺

车削加工是以工件的旋转作为主运动，刀具（车刀）的连续移动为进给运动的一种回转体表面的加工方法，是切削加工最基本的加工方法。车削加工主要用于加工轴、盘、套等回转体工件的内外圆柱面、内外圆锥面、螺纹、回转沟槽、单头或多头蜗杆、各类回转成形表面、回转表面滚花等，也可完成回转体端平面的加工。

车削加工典型的加工工艺有车外圆柱面、倒角、车外圆锥面、车短圆锥面、车曲面、打中心孔、钻孔、镗内圆柱面、铰孔、镗内圆锥面、切端面、切沟槽、车螺纹、攻螺纹、滚花等。

（二）车削加工常用设备

车削加工中最常用的加工设备是车床，车削车床有不同的分类标准，按照车床不同的特点分类如表 3-1 所示。

表 3-1　车床分类

分类标准	车床分类
用途和结构	卧式车床
	落地车床
	立式车床
	六角车床
	单轴自动车床
	多轴自动和半自动车床
	仿形车床
	专门化车床（如凸轮轴车床、曲轴车床、车轮车床、铲齿车床）
精度	普通车床
	精密车床
	高精度车床
控制方式	普通车床（普通卧式车床、立式车床、曲轴车床等）
	数控车床（简易数控车床、数控立式车床、数控卧式精密车床）

1. 普通车床

普通车床能对轴、盘、环等多种回转体类工件进行加工，还可以加工端面和各种内外螺纹，采用相应的刀具和附件，还可进行钻孔、扩孔、攻丝和滚花等。普通车床主轴转速和进给量的调整范围较大，加工前的工艺准备和调整工作量较少，但自动化程度较低，工件的加工精度取决于工人的操作水平。所以，普通车床适用于单件、小批生产和修配车间。

2. 数控车床

数控车床除能够完成普通车床所有的切削加工任务外，还具有加工精度高、高效率、高柔性化、能做直线和圆弧插补及在加工过程中能自动变速等特点。因此，其工艺范围较普通车床宽得多，一些复杂回转曲面的加工也可以方便地完成。

（三）车削加工中心

车削加工中心与一般的数控车床相比，具有刀库和自动换刀功能，增加了动力刀具，从而可在回转体零件上完成钻孔、铣削等工序，如钻油孔、钻横向孔、铣键槽以及铣油槽等，并且具有C轴功能，即可实现绕主轴的坐标回转运动，其加工工艺范围较一般的数控车床得到了很大扩展。

车削加工中心的一些特殊功能和加工工艺还有铣端面槽、端面钻孔、攻螺纹、铣扁方、端面分度钻孔、攻螺纹、横向钻孔、横向攻螺纹、斜面上钻孔、铣槽、攻螺纹等。

（四）车铣加工中心

车铣加工中心是近年来发展起来的将车削、铣削功能复合在一起的一种新型数控机床，是一种复合加工中心。在车铣加工中心，一方面可以完成各种回转体的车削加工，另一方面可完成铣削、钻削、镗削、攻螺纹等加工，特别是可以利用铣刀和工件旋转的合成运动，完成回转表面的高速铣削加工。由于在一台机床上可以完成的工艺范围更广，所以，车铣加工中心的加工工序更加集中，工件在一次装夹中，可完成全部或大部分加工，减少了工件安装次数，避免了由于基准转换带来的安装误差，加工精度更容易保证。同时，减少了辅助时间，提高了加工效率。

二、钻削加工

（一）钻削加工及典型的加工工艺

钻削加工是以钻削刀具的旋转作为主运动，同时钻削刀具还做进给运动的一种孔加工方法。其所用的主要加工设备为钻床，主要用于钻通孔、盲孔、扩孔、铰孔、锪孔和攻丝等加工。

钻削加工的典型加工方法有钻孔、扩孔、铰孔、攻螺纹、钻埋头孔、刮平面等。随着加工中心的发展和广泛应用，一次装夹，在镗铣类加工中心就可完成铣削、钻削、镗削等加工。

（二）钻削加工常用设备

钻削加工中最常用的加工设备是钻床，钻削钻床有不同的分类标准，按照钻床不同的特点分类如表3-2所示。

表 3-2 钻床分类

分类标准	钻床分类	适用加工
用途和结构	台式钻床	加工小型工件的小孔等
	立式钻床	加工中小型工件
	摇臂钻床	加工大而重和多孔的工件
	深孔钻床	加工深度比直径大得多的孔（如枪管、炮筒和机床主轴等零件的深孔）
控制方式	普通钻床	加工小型、中型、大型工件的孔径
	数控钻床	加工位置精度要求较高的孔和孔系

（三）钻削加工中心

钻削加工中心更适用于以孔系为主的零件的加工，典型的钻削加工中心有立式钻削加工中心和龙门式双主轴立式钻削加工中心。

钻削加工中常用的刀具有内冷式钻头、深孔钻头和锪孔刀具等。

（四）钻削加工现状

如今，随着全球加工技术水平的不断提高，在机械加工中所需钻孔的数量越来越多。据报道，机械加工中孔加工已经占金属去除工作的 1/3 左右，因此在制造领域中对孔加工研究的人员越来越多，其位置也变得越来越重要。现如今对于金属的孔加工方法大致分为三种：第一种是使用激光加工，第二种是使用电火花加工，第三种是使用钻削加工。这三种加工方法各有其优点和缺点，在机械制造加工中可根据所处环境选择不同种类的加工方式加工孔。第一种孔加工方式和第二种孔加工方式相对于第三种孔加工方式成本要高，同时受到一些其他因素的影响，这两种加工方式的加工质量不稳定。

与激光加工和电火花加工这两种孔成形方法相比较，钻削孔加工方法使用广泛，加工效率相对较高、成本也相对较低。因此，钻削制孔在机械加工中被广泛地使用，也是许多研究人员研究的主要内容。在航空工业中工件的螺栓连接需要大量地钻孔，钻孔占全部材料去除的 40%。

同样，钻削也被广泛应用于汽车和其他行业。叠层材料属于难加工材料，在钻削过程中最常见的缺陷是材料的分层问题。高速钻削可以减少分层，但这种方法对钻头磨损非常严重。一些研究人员使用超声辅助钻削来探索轴向力和分层的影响。在切削过程中添加一定的频率和振幅可以有效地降低切削力，但过度增大频率和振幅对切削力的降低几乎没有帮助，钻孔技术作为复合材料层合板的一项重要的最终制造工艺，广泛应用于铆接和螺栓连接中，以固定复合材料结构和其他构件。

在机械钻孔过程中，由于复合材料层压板的各向异性，通常会发生分层、孔收缩和纤维拔出等各种损坏。不良的钻孔引起的分层不仅直接降低了表面光洁度和装配公差，而且影响孔的抗疲劳强度，从而降低装配零件的使用寿命。为改善加工质量有部分研究人员已经对润滑量进行了深入研究。

三、磨削加工

（一）磨削加工及典型的加工工艺

磨削加工是以磨具（砂轮、砂带）的旋转作为主运动，工件做进给运动，实现磨具对工件表面加工的方法。

磨削加工的典型加工工艺有粗磨、精磨、细磨及镜面磨削。磨削加工可以加工一般金属切削刀具难以加工的零件表面，可以加工内外圆柱面、内外圆锥面和平面，还可加工螺纹、花键轴、曲轴、齿轮、叶片等特殊的成形表面。磨削加工也是一种切削加工，因为磨削砂轮上每一个磨粒都相当于一个微小切削刀。

（二）磨削加工常用设备及加工方法

磨削加工中最常用的加工设备是磨床。磨削磨床有不同的分类标准，按照磨床不同的特点分类如表 3-3 所示。

表 3-3 磨床分类

分类标准	磨床分类	磨削方法	适用范围
用途和结构	外圆磨床	纵磨法	用于磨削宽度小于砂轮宽度的工件或采用成型砂轮进行成型磨削
		横磨法	
	万能磨床	—	—

续表

<table>
<tr><th>分类标准</th><th colspan="2">磨床分类</th><th>磨削方法</th><th>适用范围</th></tr>
<tr><td rowspan="14">用途和结构</td><td rowspan="6">内圆磨床</td><td rowspan="4">普通</td><td>纵磨法</td><td rowspan="4">用于磨削圆柱形或圆锥形的通孔、盲孔、阶梯孔等</td></tr>
<tr><td>横磨法</td></tr>
<tr><td>用砂轮端面磨削工件端面</td></tr>
<tr><td>用砂轮圆周面磨削工件端面</td></tr>
<tr><td>无心</td><td>—</td><td>—</td></tr>
<tr><td>行星运动</td><td>—</td><td>—</td></tr>
<tr><td rowspan="2">平面磨床</td><td>矩形</td><td>—</td><td>加工长工件</td></tr>
<tr><td>圆形</td><td>—</td><td>加工短工件或圆工件的端面</td></tr>
<tr><td>无心磨床</td><td>外圆</td><td>贯穿磨削（纵磨）</td><td>成批大量加工中</td></tr>
<tr><td></td><td>内圆</td><td>切入磨削（横磨）</td><td>加工不宜用卡盘夹紧、内外圆同轴度要求又较高的薄壁件</td></tr>
<tr><td colspan="2">工具磨床</td><td>—</td><td>—</td></tr>
<tr><td colspan="2">导轨磨床</td><td>—</td><td>—</td></tr>
<tr><td colspan="2">螺纹磨床</td><td>—</td><td>—</td></tr>
<tr><td colspan="2">专用磨床</td><td>—</td><td>—</td></tr>
<tr><td rowspan="6">控制方式</td><td>普通磨床</td><td>—</td><td>—</td><td>—</td></tr>
<tr><td rowspan="5">数控磨床</td><td>数控外圆磨床</td><td>—</td><td rowspan="5">加工非圆曲面等</td></tr>
<tr><td>数控内圆磨床</td><td>—</td></tr>
<tr><td>数控平面磨床</td><td>—</td></tr>
<tr><td>数控曲轴磨床</td><td>—</td></tr>
<tr><td>数控螺纹磨床</td><td>—</td></tr>
</table>

磨削加工中使用的主要工具是砂轮，如外圆砂轮、碗形砂轮、锯片砂轮、金刚石砂轮等。

四、铣削加工

（一）铣削加工概念及常用设备

铣削是指在铣床上利用铣刀进行的切削加工，是机械加工中最常用的方法之一。铣削可以加工平面、各种沟槽、成形面、齿轮和切断等，还可以进行钻孔和镗孔的加工。

铣削时使用的铣刀为多齿刀具，切削速度比较高，相应地，生产效率也较高。

铣削加工中常用的设备是铣床。铣床的种类很多，主要有卧式升降台铣床、立式单轴及双轴转台式平面铣床、组合铣床和专用铣床等。卧式铣床简称卧铣，是应用最广的一种铣床。

（二）铣削加工工艺

铣床的加工范围比较广，常见的有铣平面、铣斜面、铣沟槽、铣成形面、铣螺旋槽和齿轮加工等。

①铣平面。在卧式铣床和立式铣床上进行，常用的刀具有镶齿端铣刀、圆柱铣刀、套式立铣刀、三面刃铣刀和立铣刀等。

②铣斜面。这种加工工艺又可以分为使用倾斜垫铁铣斜面、万能铣头铣斜面、角度铣刀铣斜面和分度头铣斜面等。

③铣沟槽。使用这种工艺加工的沟槽种类有很多，如直槽、键槽、角度槽、V 形槽、T 形槽和燕尾槽等。

五、镗削加工

（一）镗削的基本知识

镗削加工是用镗刀在已加工出孔或铸出孔的工件上使孔径扩大并达到加工精度要求和表面粗糙度要求的加工方法。它特别适合加工分布在不同表面上且孔距和位置精度要求很严格的孔系。镗削时，刀具的旋转为主运动，进给运动可由刀具或工件完成。镗削加工的范围较广，可加工内槽、外圆、端面、平面等。

（二）镗削加工的工艺

镗孔常用于铰孔、磨孔前的预加工和孔的终加工，一般镗孔精度达 IT8 ～ IT7，表面粗糙度值为 1.6 ～ 0.8 μm；精细镗孔时，精度可达 IT7 ～ IT6，表面粗糙度值为 0.8 ～ 0.2 μm。镗孔适合加工大直径孔，特别是对于直径大于 100 mm 的孔，镗削几乎是唯一的加工方法。镗孔非常适合平行孔系、同轴孔系和垂直孔系的加工。

镗削中常用的设备是镗刀，一般可以分为单刃镗刀、双刃镗刀和多刃镗刀等。

六、汽车零件机械加工工艺应用——曲轴轴颈

轴颈是曲轴上承载负荷最大的部位，因其结构复杂导致受力情况复杂，加工难度大。轴颈的每个部位的加工工序都需要粗加工和精细加工，其中粗加工的方式主要有车削、内外铣、车拉等，而精细加工主要是磨削和抛光的过程。粗加工是精细加工的前一道工序，因此粗加工后的轴颈是否达到要求，是决定精细加工能否顺利完成的前提条件。同时由于粗加工过程耗时长，因此对于曲轴轴颈的粗加工工艺的改进，是当下制造厂商共同面临的问题。

（一）车削工艺

车削工艺一般是利用多刀机床对曲轴进行切削加工的，切削的过程是车刀在一个平面内进行径向或者纵向水平移动。根据其加工类型的不同，又可以分为主轴颈车床、连杆轴颈车床。由于多刀车床可以同时加工各种类型的曲轴轴颈以及曲柄臂侧面，同时其加工效率非常高，因此被广泛应用于各种曲轴的轴颈加工中。多刀车床的刀具位置是相对的，因此在加工过程中，可以有效避免曲轴弯曲。连杆轴颈车床可以同时进行曲轴轴颈、曲柄臂侧面以及圆角的加工工作，并且其具备了柔性制造的特点。

虽然曲轴轴颈的车削工艺非常成熟，同时也在不断地升级改良，其技术也达到了非常高的水平，但是改进的工艺技术还是存在很多问题，主要有以下几方面。

①在车削曲轴毛坯的过程中，加工余量大，并且容易产生震刀现象。因为曲轴毛坯都是锻造或者铸造品，在车削过程中，其产生的切削力非常大，加上曲轴的刚性较差，因此会发生震刀现象，进而影响加工质量。

②加工质量不稳定。车削机床多为多刀机床，刀具数量多、规格大，这样可以有效地提高生产效率，但是带来的问题也显而易见，曲轴毛坯在车削过程中，受到的外力非常大，加上曲轴的刚性差，容易导致曲轴弯曲，进而影响工件的成品率，因此在实际使用过程中，都会加入校直工艺，延长了生产周期，导致生产成本上升。

③多刀径向切削的方式，限制了加工曲轴轴颈的类型。在对不同工件加工时，还需要对刀具进行重新更换和调试，而频繁地更换刀具，也让机床的多样

加工性受到影响。

④曲轴不同部位的轴颈和连杆轴颈在加工过程中，需要采用不同的车床，导致生产效率非常低。同时车削的方式不是连续性的，因此其速度相对较低，工件的频繁更换，也使得整个加工效率降低。

（二）铣削工艺

20 世纪 80—90 年代，国外开发了一种新型的曲轴切削技术，即铣削加工技术，它又可分为内铣和外铣技术。外铣技术是指计算机数字控制机床高速外铣。由于外铣刀盘在实际应用过程中，还存在诸多问题，现如今已经慢慢被内铣替代。

1. 内铣加工的特点

①在一台机床上，使用一把刀具，一次性完成曲轴上所有的径向待加工部位，包括：所有的轴颈、轴肩、止推面、曲柄臂侧面。因此其加工效率得到了极大的提升，缩短了整个加工周期，同时也降低了对厂房的空间需求。

②对锻造和铸造的工件进行加工时，其断屑质量更好。

③不需要额外加入其他设备和工序，就可以对不同类型的曲轴进行加工，同时无须更换刀具和机床就可以完成粗铣和精铣的工序，极大地提升了生产效率。

④加工的时间比较长，切削速度低，无法对轴向沉割槽进行加工，粗加工后工件粗糙度大，同时内铣加工机床的价格普遍较贵。

2. 计算机数字控制机床高速外铣的优点

①铣削速度可以高达 350 m/min，切削效率高、力度小、使用周期长。

②切削周期短，工序简单。

③在切削过程中，曲轴不易变形，加工更加精准。

④不受曲轴种类的限制，机床可加工各种种类的曲轴。

（三）车拉工艺

20 世纪 80 年代，出现了另外一种切削工艺——车拉工艺，它主要结合了车削和拉削两种工艺的优点，替代了传统的切削技术。车拉工艺又可以分为直线、旋转车拉。轴颈、圆角、曲柄臂侧面的加工可以通过车拉工艺一次性完成。车拉工艺具备了很多优点，主要体现在：加工准确度高、不需要进行粗磨工序、加工过程不会产生振动、刀具的使用时间长。但是其也存在一些问题，如不能对轴向沉割槽进行加工，也不能用于大余量的工件加工，无法加工种类复杂的工件，对刀具的要求多，因此只能用于规模化的工艺生产。

车－车拉工艺是在车拉工艺的基础上升级而来的新工艺，它集合了车削工艺、车拉工艺的优点，其加工步骤：首先车削加工曲轴的轴颈、曲柄臂侧面和沉割槽圆角，然后再对轴颈进行车拉精加工。其优点：柔性好、可以用于各类曲轴的加工，因此工作效率高、精准度高，同时保养成本不高，并且可以用于轴向沉割槽的精细加工。但是它也存在一些缺点：加工曲柄臂侧面容易损坏刀具，并且对于加工的曲轴毛坯精度要求高。

（四）几种工艺的比较

各种加工工艺都有其优势和劣势，如车削技术只适用于主颈轴的加工，曲轴内铣、高速外铣无法加工轴向沉割槽等。几种加工工艺对比如表 3-4 所示。

表 3-4　几种加工工艺对比表

对比类别	加工工艺		
	多刀车	车拉	内铣
柔性	较好	较差	较好
设备费用	最少	中等	最高
加工速度	一般	快	最快
刀具准备	快	慢	一般
加工质量	差	好	一般
刀具费用	最少	中等	最高
加工特点	径向切削力大，易产生弯曲变形	切削力较小，加工深度不能太大	切削力大，可以大切深加工，径向切削力小，弯曲变形小
完成的加工内容	轴向沉割槽、圆角、曲柄臂外圆及侧面、轴肩、轴颈	轴颈、轴肩、圆角（不能加工轴向沉割槽）	轴颈、轴肩、圆角、曲柄臂侧面（不能加工轴向沉割槽）

第二节　数控技术在汽车零件机械加工中的应用

一、汽车零件机械加工中数控技术的应用

随着我国社会经济的迅速发展，各种新技术在制造行业中得到了广泛的应用，机械加工技术水平也随之提升。数控技术的合理应用可以使机床设备的管

控水平得到进一步提升，对于我国汽车零件加工技术的改善以及完善也有着非常重要的意义，并且能够推动我国汽车制造行业进一步发展。

汽车零件加工水平在一定程度上会影响汽车的加工质量。近年来，随着我国制造行业的不断发展，数控技术在汽车零件机械加工过程中得到了非常广泛的应用，对于汽车零件加工效率以及精准度的提升有着非常重要的意义。只有明确了数控技术在汽车零件机械加工中的重要意义，并且对现有的加工模式进行不断的优化与完善，才能够达到预期的汽车零件加工效果，从而促进我国汽车行业的进一步发展。

二、数控技术及其优势

（一）数控技术

数控技术是用数字信息对机械运动和工作过程进行控制的技术，它是集传统的机械制造技术、计算机技术、现代控制技术、传感监测技术、网络通信技术和光机电技术等于一体的现代制造业的基础技术，具有高精度、高效率、柔性自动化等特点，对制造业实现柔性自动化、集成化和智能化起着举足轻重的作用。随着汽车工业的发展，数控技术在汽车发展中起着越来越重要的作用，数控机床的发展推动了汽车工业革命的进程。汽车工业的发展既依赖于数控技术的进步，又带动了数控技术的发展。

（二）数控技术的优势

1. 安全性

虽然操作人员在数控加工中起着重要的作用，但操作人员不用手把手在机器上操作，而是在计算机上操作。这为所有人创造了更安全的工作环境，减少了工作场所事故的发生。数控技术应用于产品加工中保证了生产出来的产品是一致的，能够满足质量控制要求。人为操作失误和工作疲劳是一个常见的隐患，这会导致事故的发生，而将数控技术应用于产品加工中就不用担心会发生此类事故。

2. 高效化

在汽车零件机械加工过程中应用数控技术，可以使机械加工时间大幅度缩短，使加工效率进一步提升。应用数控技术可以实现多项流程加工的处理。在机械加工过程中如果采用传统的加工技术，在单次操作之后还需要进行机械参数的重新配置，这就影响到了汽车零件的加工效率。将数控技术应用在汽车零件的加工过程中，能够大幅度提升复杂零件的加工效率，还可以实现一些结构复杂零部件的大批量生产，并且能够保障零件的加工精度。因此，将数控技术应用在汽车零件机械加工过程中，具有高效化的特征。

3. 智能化

相较于传统的汽车零部件加工工艺，数控技术还具有智能化的应用优势，并且可以体现在机械加工的多个领域。例如，应用传统的加工技术进行工时，相关变量的设定还存在数据精准性不足以及操作烦琐的问题，但是应用数控技术，就可以直接实现相关变量的智能化处理，实现操作流程的进一步简化。此外，如果采用手动操作的方式进行计算机程序的设置，还存在编程与变量之间的关系过于混乱的情况，使机床的作用无法得到充分的发挥。数控技术的合理应用，能够使加工机械的数字化与自动化水平得到进一步提升，并能够在结合汽车零件机械加工实际需求的基础上，进行加工程序的合理设置。近年来，随着我国智能化技术的不断发展，其在汽车零件机械加工领域中也得到了较为广泛的应用，对于我国汽车制造行业的进一步发展有着非常重要的意义。

三、数控技术在汽车零件机械加工中的应用意义

（一）提升机床的控制水平

近年来，我国汽车制造业发展得非常迅速，对零件的加工精度提出了更高的要求，使得传统的机床控制水平难以满足汽车零件加工的实际要求。数控技术在我国机械加工技术中的广泛应用，可以进一步提高机床的控制水平，大大提高汽车零件的加工效率。另外，利用数控技术对机床进行控制对机床本身的性能也有着重要的意义，促进了机床操作水平的提高。数控技术的应用，能够让机床的控制水平得到显著的提升，对于汽车零件加工效率和加工质量的提升也有着重要作用。

（二）汽车制造行业发展的技术需求

数控技术在机械加工技术中的应用，能够使机械加工的质量跟效率得到进一步的提升，对于我国汽车制造行业的进一步发展有着非常重要的意义。因此，数控技术在汽车制造领域有着非常重要的应用意义，也就需要我国汽车制造企业能够对现有的零件加工技术进行不断的优化与完善，积极采用数控技术来不断提升汽车零件的生产效率以及质量。只有这样才能够使汽车机械加工的效果得到进一步的提升。此外，数控技术的合理应用，能够使汽车零件自身的加工

效率得到进一步的提升，对于汽车零件加工质量跟加工效率的提升也有着非常重要的意义。因此说数控技术是保障汽车制造行业持续发展的重要技术，对于我国汽车工业的发展有着非常重要的意义。

四、提升数控技术在机械加工技术中的应用策略

（一）在汽车零件机械加工过程中采用自动编程技术

在传统的汽车零件制造模式中，多是通过人工方法来进行图纸制造以及零件加工顺序的合理确定的，这样不仅会导致工作效率降低，还会导致计算误差等问题产生，也就直接影响到汽车零件的加工质量和加工效率。合理应用自动编程技术，能够有效避免传统人为因素所导致的误差产生，能够使加工质量得到进一步的提升，从而帮助汽车制造企业获得良好的经济效益。在使用自动编程技术过程中可以根据汽车零件的加工特点来进行各种材料的优化配置，以降低汽车企业的加工成本。

（二）对机械加工原有设备进行科学创新

越来越多的新技术以及新设备在汽车零件机械加工中得到了广泛的应用。数控技术作为近年来常用的一种机械加工技术，能够使汽车零件的加工精度以及加工效率得到进一步的提升。此外，在汽车制造行业的发展过程中，对于汽车零件的制造精度以及制造质量也提出了更高的要求，这也就需要对现有的数控加工技术进行不断的优化与完善，积极引进一些经济型的数控机床，确保数控机床的运行稳定性和效率。各汽车制造企业可以在结合自身生产特点的基础上，对原有的机械加工设备进行不断的创新与完善，以使机械加工技术得到进一步的提升。只有对现有的机械加工技术进行不断的创新与完善，才能使机械加工技术水平得到进一步的提升，从而促进我国机械制造行业的生产水平显著提高。

（三）保护知识产权

TwinCAT 软件为用户提供了一个简单而经济高效的模块化、自动化的工具箱。其中，TeCOM 概念是一种适合实时环境的“组件对象模型”，用户能够选择最适合手头任务的编程语言，通过 TeCOM 的开放式界面将自己的专有工艺知识和自主开发的专用功能集成到标准控制平台中。这样可以带来的一大好处是，核心竞争力完全掌握在用户手中，受到第三方保护，可以方便快速地进

行修改和调整。此外，还可以配备可靠的硬件加密狗，对自主编写的软件进行加密。

（四）通用与开放

硬件和软件平台由标准组件构成，将自动化及数字控制功能集成在同一个系统中，开放式接口允许集成现有的系统和现场总线以及灵活更换硬件组件。例如，作为系统核心的软件——TwinCAT 自动化软件不但提供了实时执行应用程序的运行环境，同时为编程、诊断和配置提供理想的开发环境。

（五）完整而强大的平台性能

在汽车配件制造过程中不管是使用单台机床，还是使用高度复杂的加工设备，或者是在传统数控机床加工过程中使用的平台都应具有可扩展性强的特点，要能够满足几乎所有性能等级需求，并且普遍适用于所有机器类型。

（六）强化智能化技术以及网络化技术的应用

为了促进数控技术应用效益的提升，需要对现有的数控技术应用手段进行不断的创新和完善。近年来随着我国科学技术的不断发展，智能化技术和网络化技术得到了迅猛的发展。在汽车零件机械加工过程中采用数控技术进行生产时，要求各企业能够不断强化智能化技术以及网络化技术的应用，借此来对整个汽车零件的机械加工流程进行有效的管理和控制，这对于汽车零件加工效率和加工质量的提升有着积极意义。此外网络化技术以及智能化技术的应用，也可以对整个加工流程起到改善作用，确保汽车零件的加工质量和加工效率，对于我国汽车零件制造业的发展有着重要意义。

第四章　现代汽车典型零部件制造工艺及其材料的应用和发展

现代汽车典型零部件主要包括曲轴、箱体零件、减速器等。这些零部件的制造工艺也是现代汽车制造中的重要部分。本章分为现代汽车典型零部件制造工艺与现代汽车典型零部件材料的应用和发展两个部分，主要包括曲轴制造工艺、箱体零件制造工艺、汽车零部件材料的应用、汽车零部件材料的发展等内容。

第一节　现代汽车典型零部件制造工艺

一、曲轴制造工艺

（一）曲轴的结构及功能

发动机作为汽车的心脏，提供了源源不断的动力，而曲轴则是汽车发动机中传递动力、承受冲击载荷的重要零部件，相当于发动机的起搏器。曲轴的加工质量在很大程度上影响着发动机的性能和可靠性，进而影响着整车的使用寿命和相关功能。随着内燃机技术的不断发展，特别是各种增压技术的广泛应用，曲轴必须承受更大的扭矩并面对更加恶劣的工作条件。曲轴是发动机主要零部件中加工难度最大的一种零件，其加工工序多、检测内容广，且复杂的形状使得其在各工序间转运困难，因此曲轴的加工对系统控制、加工设备、检具和转运工具等都有很高的要求。

曲轴经由连杆将活塞的往复直线运动转化为旋转运动，通过变速箱将动力传递给底盘的传动机构，驱动汽车的配气机构和其他辅助装置。曲轴一般由主轴颈、连杆轴颈、平衡块、曲柄、前端轴和后端轴等组成。

（二）曲轴的材料

适合加工曲轴的材料的要求为：性能好、适应冷热加工处理、费用低、低耗能以及产量高等。曲轴经过高强度处理后，强度和韧性比较高；整体性能优良；抗拉伸和抗断裂的能力强，具有良好的耐磨性。

这些年来，科学技术在不断地发展进步，冶炼和锻造水平越来越好，加工和应用性能更好的微合金钢制品的出现，让曲轴制造技术有了更大的提升，曲轴有了进一步的发展和应用。曲轴材料一般采用合金钢和球墨铸铁（以下简称“球铁”）。高排量的柴油机，一般功率比较大，其曲轴也一般使用性能较好的锻钢材质制造。又因为曲轴制造技艺比较复杂，在加工时不仅需要大量精度高的合金钢，而且还需要超过 6000 t 的热模锻压力机和大于 3000 t 的水压机，生产所需要的时间比较长，一般企业无法承担如此高昂的费用。而使用球铁铸造曲轴具有成本比较低、对于缺口不太敏感、吸收振幅能力强、不容易变形、润滑能力好、抗拉伸扭转的强度更高、抗氧化性更好等优势，使得众多中小企业更倾向于使用这种材料。采用球铁技术可以充分发挥曲轴的技术优势，可以使复杂的曲轴和内部结构的应力分布更加合理，充分使用材料，加工时比较方便，生产时间短，可提高产量。

（三）曲轴毛坯制造工艺

1. 曲轴的铸造

我国在 20 世纪 50 年代末期就已经开始生产球铁曲轴，此后 20 年，体型中等甚至更小的柴油机得到了不断发展，其还是采用具有优势的球铁曲轴，从而让球铁曲轴在发动机生产中的应用更加广泛，也就有了专门生产球铁曲轴的企业。近年来，汽车工业的发展更加迅速，球铁曲轴生产企业日益增多，国内已经广泛使用这种曲轴来制造发动机。

当然国外使用球铁曲轴的年代也很久远，在 20 世纪 50 年代，国外就已经将球铁用于曲轴制造上，其中就包括美国福特和克莱斯勒公司、瑞士的 GF 公司、意大利菲亚特公司、罗马尼亚的布拉索夫公司和法国雷诺以及雪铁龙公司等。在德国，排量低于 2000 ml 的柴油机 50% 的曲轴都是由球铁制造而成的，排量小于 1500 ml 的汽油机有 80% 使用球铁曲轴。美国汽车所用的曲轴 80% 由球铁制造，这说明球铁曲轴的优势让其在汽车发展中占有重要地位，应用也十分广泛。

随着铸造工艺水平的逐步提高，部分锻钢曲轴已被球铁曲轴代替。球铁曲轴批量生产工艺流程：熔化→造型→浇注→冷却→清理→预先热处理→最后清理。

2. 曲轴的锻造

（1）锻造曲轴的材料

用于锻造曲轴的原料主要有调制钢和非调制钢两种。对于用钢锻造的曲轴，其优点是有比较好的抗拉强度、较高的硬度、比较好的耐磨性、高疲劳强度以及优良的韧性。不过由于这种材质对于豁口比较敏感，所以加工时的要求很高。曲轴为了适应强度比较高的发动机，在柴油机高压力下会以较高的速度和轴承发生滑动摩擦，从而出现一定的磨损，温度会越来越高，这样的冲击重压下其工作条件是非常不好的。

调制钢由碳素钢和合金钢组成。价格较低的碳素钢和合金钢的弹性模量是完全相同的，其抗拉伸的强度较好，主要被用于中等负荷的发动机的制造中。合金钢与碳素钢相比，其含有多种贵重的金属合金，从而使其抗拉伸强度和疲劳强度更好，因此在中高负荷发动机中常见。

非调质钢通过锻造来让温度消散，直接在空气中进行冷却处理，这比起调质钢的污染要小很多，成本也很低，能源消耗低，性能也很好，已经在实际生产当中被广泛使用。由于当下对于发动机性能的要求越来越高，不少中轻型汽车使用的发动机曲轴的锻造技术已经在不断改善。现在的技术在加工余量、拔模斜度和错模量上面的要求不高，不过在精度上的要求相当高。这说明加工设备的精度以及锻件脱模方式比起之前要更加严格，而要想达成这些目的，一般的生产方式是不太可能的。经过多次筛选，热模锻压力机成为首选设备，其高精度和良好的顶出机构完全适合生产精度高的曲轴。

（2）下料方法的选择

常用的下料方法有剪切法、冷却折断法、电锯切割法、砂轮切割法、车削法和气割法等。

（3）曲轴锻造设备选取

曲轴或者偏心轴连杆的滑动机构让曲线运动可以变成来回的直线运动，热模锻压力机就是利用这一点，通过摩擦离合器把储存在飞轮中的能量转变为滑动时的负荷能量。曲轴生产要求严格，模型的精度要求高，生产制造的形状比较复杂，因此在加工生产中不再切削模件，这样才能实现更加优质的模件锻造。热模锻压力机正是因为符合以上要求，而且有自己的顶料机构、可以调节高度并且行程固定，所以在国外被广泛使用，有取代模锻锤的趋势。国内也正在发展。

（4）曲轴锻造工艺设计

典型的曲轴锻造工艺路线如图 4-1 所示。

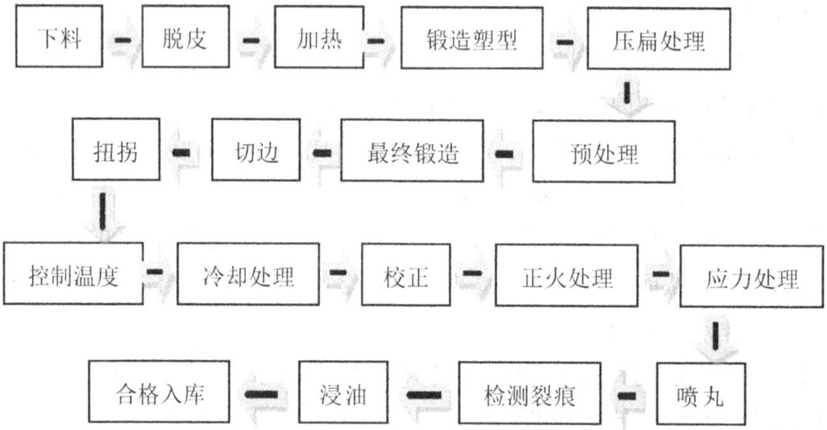

图 4-1　典型的曲轴锻造工艺路线

①下料工序。选取 45 号精度好的钢材，其符合《优质碳素结构钢》（GB/T 699—2015）和《合金结构钢》（GB/T 3077—2015）的要求，即化学成分和性能材料完全合格，此外 Mo 含量小于 0.1% 以及通过热处理实验仍然合格。

②脱皮工序。原材料不能直接用于锻造曲轴，这是因为其有较深的脱碳层，因此对于原材料要进行脱皮处理。

③加热工序。利用煤气炉进行加热。

④锻造工序。锻造环节分为预处理和最终锻造。预处理的原因是，既可以让制成的原坯金属能够分布均匀，利于最终实施锻造，又能明显减轻锻造时的压力，延长锻造模型的使用时长。预处理以及最终锻造都运用同一种水平分模方式，都用 40 MN 的压力机进行锻造。在精细冶炼钢的时候，其最终锻造的温度高于 1050 ℃。

⑤切边工序。最终锻造让曲轴有了形状以后，要用压力机进行切边。

⑥扭拐工序。切边以后利用扭拐机来扭拧曲轴。曲轴扭拐的温度为 950 ～ 1050 ℃。这一环节是在完全塑型变形的情况下进行的，可以利用相应的公式算出扭矩。

⑦校正工序。扭拧后的曲轴要进行不止一次的校正。其主要为了校正主轴径和连杆颈之间的夹角。初次校正后，将其扭转 90 度后进行二次校正，温度应大于 800 ℃，一般在 850 ℃左右进行。

⑧正火处理工序。校正后的曲轴要进行正火处理。通过正火处理才能做到精确冶炼 45 号钢的曲轴，最终让其硬度可以达到 180 ～ 228 HB。

⑨清理及后续工序。正火处理后的曲轴首先要进行检查。对于主轴径摆差、正火处理后的硬度和连杆径的夹角都要进行检查，剩下的尺寸可以通过抽样检测的方式进行。经过一系列检查后完全符合的曲轴才能进行喷丸处理，将氧化的表面进行清洗。对处理后的曲轴还应该进行表面磁力探查，看是否有裂纹，一旦发现应该立即用砂轮打磨，千万不要用其他工具凿挖。打磨的程度一定不能太深。要求在非加工面处磨平，不要让平面处形成明显的凹坑或者凸起，同时深度也不能够超过公差范围，磨削宽度在深度的 6 倍左右。在磨裂纹的同时还要修磨残余毛边。合格的曲轴必须经过浸油处理，这样做的目的是防止库存生锈。浸完油的曲轴要放入仓库，按照原有计划交付给发动机厂。

（5）确定机械加工余量及锻件公差

普通的锻件都是要经机械加工才可以成为零件的。在模锻的过程中，毛坯在高温条件下容易出现表皮氧化、脱碳，甚至合金元素被蒸发或者其他污染现象，进而导致锻件表面不够光洁，其表面层的机械性能达不到合格的标准或者出现其他缺陷，并且由于毛坯体积出现变化以及终锻温度并不是恒定的，会造成锻件尺寸的不相同。型槽壁是倾斜的，这是因为锻件出模所要求的，便于在锻件侧壁及时添加敷料；因为型槽磨损和上下模错移等现象无法避免，这就会导致锻件的尺寸出现一定的偏差；因为锻件的形状复杂，导致很难锻造成型。这些原因就使得在锻件的制造中不仅应该加上机械加工余量，还必须规定一定的锻件尺寸公差。一般情况下，热模锻压力机的上模锻件余量与公差比锤上的要小一些，但至今并没有一个统一的标准。

（四）曲轴的机械加工工艺

1. 曲轴的定心工艺

曲轴在发动机中能够做高速回转运动，但由于机械加工的精度问题，会导致曲轴自身出现不平衡问题，在高速回转过程中会产生振动，振动量与其转速的平方成正比。高强度的振动会降低轴承的使用寿命，增加工作的噪声，加快零部件的疲劳失效。所以高速回转的零件都得进行动平衡检查。因此，要控制发动机的振动、运行的平稳性，以及使用寿命，必须控制曲轴的动不平衡量。

现代汽车已经趋于更轻便、更紧凑的结构设计，内部发动机也应跟上汽车的整体设计发展，采用更轻便和更紧凑的结构。由于整机的动力都源自发动机，所以除了轻巧的结构外，刚性的要求也不能少。所以对于用来改善曲轴动平衡问题的曲轴的平衡块来说，修正平衡块的重量就显得尤为重要。所以在动平衡的过程中，一定要特别注意对配重块的修正，也就是钻平衡孔，否则的话会使内部质量补偿恶化，最终导致平衡孔的作用受到影响。

当发动机高速运转时，如果出现曲轴弯曲，就会造成发动机弯曲振动和整体振动，还会产生巨大的噪声，这是因为曲轴的动平衡问题没有得到很好的改善。假设在最好的情况下，平衡块最多能够去掉曲轴旋转质量96%的不平衡量，当曲轴以5000 r/min的转速做自由旋转运动时，轴承组之间形成的轴线偏移大约为70 μm。这个误差值在轴承游隙范围内是合理的。在这种误差范围内主轴承所承受的额外载荷是很小的。所以曲轴的设计不仅要严格规定动平衡的允许误差范围，还应该包括在不平衡量修正的过程中最大去重量的范围。所以，我们在制造曲轴时，一定要控制毛坯的精度，降低曲轴的初始动不平衡量，尽可能地采用优质的定心技术，如质量定心法，来防止平衡块的修正值超过规定的范围。

为了使曲轴到最后动平衡之前的不平衡量尽可能地减少，可以采用质量定心工艺来代替几何定心工艺。这样就大大地减少了曲轴在动平衡时的去重工作量，同时还可以提高动平衡的合格率等。除此之外，采用质量定心工艺代替几何定心工艺，对于改善曲轴内部的质量补偿有着很大的作用。

2. 曲轴连杆轴颈的机械加工

曲轴连杆轴颈的加工是指对连杆轴颈的外圆、凸肩外圆和平面、曲柄臂侧面进行加工。

（1）全轴车削

全轴车削是指在一个工位上的一个工序内，把曲轴的全部连杆径全部车削完。车削过程中，将曲轴两端面装夹在车床上，定位并夹紧，需要角度定位时，径向定位需要借助两端连杆轴颈的曲柄臂上预先铣出的定位面，轴向以止推面定位。同时，因为曲轴的长径比都比较大，属于细长轴零件的加工，为了防止在加工过程中曲轴发生变形，需在中间部位放置好中心架。

全轴车削工艺所使用的设备为双工位靠模曲轴车床，这种设备生产效率高，适用于单件大批量的曲轴生产。就目前制造业柔性需要的要求，对于多品种曲轴的加工，需要定期更换刀架和靠模，因此适应性会比较差。

（2）外铣加工

目前效率较高并且比较基础的加工方法就是曲轴连杆轴颈中的铣削。比起车削这种机械加工方法，铣削的生产效率相对来说比较高，后者比前者的工作效率要高三倍左右。因此很多工厂都会采用铣削加工来降低生产成本，提高工作效率。

铣削加工比车削加工更受青睐的另一个原因是它在实际生产的过程中稳定性比较好，而工件在进行车削加工时会产生比较大的离心力，这样长时间下去一定会出现很多的机器故障，从而增加生产成本。

曲轴外铣加工这种方法一般适合排量比较小的车辆，对于处理毛坯余量小的工件效率会比较高。双头铣加工和单头铣加工各自在工件加工处理过程中发挥着重要作用。

一般来说，外铣加工在很多性能发挥部分存在着一些不足之处，由于工件加工是比较严谨的，而且为了提高生产效率、降低生产成本，大多数时曲轴内铣加工会替代外铣加工。

（3）内铣加工

对于曲轴加工工艺，目前国内很多的厂商都更青睐于进行内铣加工，总的来说内铣加工可以加工任何毛坯精度的零件，它的工作效率也是特别高的。它可以同时加工主轴径和连杆轴径，对于任何厂商来说采用这种投资小、占用场地极小而且生产效率高的方式可以大大地节约成本。而且随着机械加工工艺的不断发展，内铣加工技术也将变得更加成熟，从而在加工过程中避免出现一些故障，提高生产质量。

内铣加工的基本原理：首先通过曲轴的大端外圆和小端外圆进行径向定位，然后根据前道加工的曲柄臂侧面进行轴向定位，在这个过程中还需要用三爪卡盘对其进行固定，最后就可以利用适当功率的电机来迫使内铣刀盘进行主运动，通过一定的系统控制就可以进行曲轴的加工了，此时只要在刀盘上切入形状不同、多种方向的刀片就可以进行内铣加工完成生产了。

（4）磨削

曲轴外铣加工只是对工件表面进行一些粗加工处理，要想做更精细的加工就应该进行连杆轴径的磨削工作。对连杆轴径的磨削，是指磨削连杆轴径两侧凸肩不平的部分，以及对外圆和圆角进行处理。在磨削过程中经常会用到全轴磨削、单拐磨削，以及双拐磨削的方法。

全轴磨削一般会用砂轮依次切入经过预加工而成型的全部连杆轴径、轴径两侧凸肩不平部分及圆角从而进行磨削加工，单拐磨削是在一次装夹之后使用一个砂轮对曲轴上连杆颈进行磨削，双拐磨削是使用一个砂轮对曲轴上同相位的连杆颈进行磨削，三者之间存在着一定的差别。

（5）车拉加工

曲轴车拉加工是一种新型的加工方法，它有效地克服了车削和铣削加工中的不足之处，它采用由分度刀片组成的复式拉削组合同时加工几个曲轴段的方式，无论是水平行程或是垂直行程，切刀对曲轴段周边的进给都是切向的。

拉刀主要分为粗加工、半精加工和精加工拉刀，还有就是切削圆角和台阶面的拉刀。拉刀采用切向进给方式能提高工作效率，既可以一次加工一个轴径也可以同时加工多个轴径。

二、箱体零件制造工艺

（一）箱体零件分析及生产特点

箱体类零件的功能往往是为了对其他零部件进行一个位置的约束，保证其在正常的位置配合和工作，同时也有保护内部零部件免受外部恶劣环境影响的功能。箱体类零件质量的优劣将对内部零件配合的状态和使用寿命产生较大的影响。

箱体类零件形状一般都比较复杂，这就导致其铸造比较困难，同时由于其内部需要有较多零件装配配合，所以对箱体类零件的加工质量和精度要求也比较高，并且箱体零件的工作条件一般比较恶劣，需要承受内部零件运动时带来的冲击力和振动。

当今全球有众多的机械制造企业，也有不计其数的机械产品。随着经济的发展，人们的需求也日益增多，促使产品更新换代加快，箱体类零件加工由大批量单一生产逐渐转向小批量个性化定制生产，对生产工艺的柔性化和生产周期的要求更加严格。企业若想提升自身的核心竞争力，就需要提升生产车间的信息化水平，提高生产和管理效率。

（二）箱体零件的结构特点

箱体作为机械生产中最常见的典型零件，不同的箱体类零件在形状上存在很大的差异，但从数控加工工艺上分析后能够概括出不同箱体类的零件结构特点，其共同特点如下。

①表面结构较为复杂。箱体类零件结构类型大多集中在外部，箱体外部具有大量的平面、圆柱形表面、阶梯孔和螺纹孔并且内部有轴承通孔、安装孔等特征。

②加工精度要求较高。箱体类零件一般作为内部零件的外载体，箱体每个

表面上不同种类的孔的加工精度将直接影响内部零件的运行轨迹。例如，箱体内部相互啮合的齿轮组，由于齿轮精度的好坏直接影响齿轮的啮合，如果箱体内孔的加工误差较大，则齿轮在传动的过程中会存在一定程度的振动和噪声，严重时甚至会发生数控加工中心加工事故。

③加工工艺与工序复杂繁多。箱体类零件的加工步骤繁多，加工工艺较为复杂，零件的加工工艺路线在工艺规划中占据重要位置，为了提高加工精度，提升加工效率，箱体类零件加工过程都在数控加工中心完成。

（三）箱体零件加工方法

复杂精密箱体类零件加工表面主要由平面、圆柱面和螺纹表面等构成，加工方式多采用铣、镗、钻、扩、铰、攻等。目前完成箱体零件的加工工艺方法如下。

①采用传动机床和工装形成工艺路线进行加工。这种方法加工效率低、类型单一、精度较低，不能满足复杂类箱体零件的要求，极少使用。

②采用组合机床进行相应工艺路线的加工。这种方法相比于第一种方式有较大的提升，但不具有代表性。箱体类零件的加工需要组合机床生产线，这种方法仅适合大批量生产的箱体零件。对于小规模单个箱体的加工，组合机床难以实现高精度、高速率加工。

③采用复合式镗铣加工中心进行相应工艺路线的加工。由于数控加工中心能够在一次装夹后加工多个箱体特征，实现了工序集中，确保了加工精度，同时能够适应大批量、小规模生产，目前国内外高精度复杂箱体类零件的加工大部分都采用这种方法。

（四）箱体零件加工的工艺流程

箱体类零件的毛坯件一般是由铁或铝铸造而成的，并且有着体积重量较大、形状复杂的特点。一般箱体类零件在毛坯件铸造完成后，留有 3 ～ 5 mm 的加工余量，然后需要使用数控车床、加工中心等设备进行粗加工和精加工以及钻孔等工序才可完成完整的加工步骤。

在箱体零件加工过程中，各个工序之间的独立性较强，不同工序由不同的班组人员负责，自动化程度较低，对生产效率有着比较大的制约。在最后的质检工序，由于箱体类零件结构形状复杂，采取人工测量的方式受主观因素影响误差较大，质量可靠率低，不利于企业对产品进行品控，废品率较高。

三、减速器制造工艺

（一）减速器箱体箱盖的功能

箱盖位于主减速器整机的上部。箱盖零件是主减速器的基础零件。箱盖和其他零部件一起组合连接，使箱盖成为一个合理的整体，同时保持正确的相对位置，这样减速器才能正常工作。由此可见，箱盖能达到什么样的加工精度，将和其他零部件的安装精度紧密相关，与箱盖的使用寿命也紧密相关。所以箱盖的加工一般都具有较高的技术要求。

减速器的功能不同、箱盖的作用不同，那么箱盖的结构也就不同，所以箱盖的结构具有多样性，但它们有共同特点：结构、形状复杂，壁薄但不均匀，内部呈腔型；有许多加工精度要求较高的平面与孔系等。箱盖是减速器的主要支承件，是传动齿轮和润滑油的主要承载体与储藏体。箱盖的结构、受力情况和生产精度的高低都直接影响整机的运行状况，所以箱盖在整机中起基础性的作用。

在典型的减速器结构中，可以看到减速器箱体是减速器内部传动零件的安装基准，起着固定传动轴系，保证齿轮运转精度，为齿轮运转过程中储存、提供润滑和冷却用油，防止灰尘进入等重要作用。

（二）箱体箱盖的结构工艺

1. 减速器箱体箱盖特点

（1）尺寸较大

减速器箱体作为整个减速器的重力支撑组件及零件安装基准，是整个减速器当中尺寸最大的零件。统计资料显示，大型减速箱体的长和宽分别可以达到 5 ～ 6 m、3 ～ 4 m，重量可达到 50 ～ 60 t。

（2）形状复杂

减速器壳体内部需要安装用于动力传递的齿轮组件、用于固定尺寸的轴系，同时，为了保证运行可靠性，还需要布置润滑及散热组件，这就使得减速器壳体上需要对应布置较多的安装控件及安装孔，因此在保证其强度及刚度的同时，要尽量做到结构轻巧，布局合理。通常该类零件大多采用铸造成型工艺。

（3）精度要求

考虑到箱体是减速器内部传动组件的安装基准，箱体的加工精度是否满足要求直接决定着内部传动组件是否能够安装到位，同时影响着其传动组件及整机的使用寿命。

（4）有许多紧固螺钉定位箱孔

虽然连接孔的加工精度要求不高，但连接孔数量较多，且分布位置较为分散，这也给机械加工带来了一定难度。

2. 减速器箱体箱盖结构工艺分析

该零件的加工主要是两方面的加工：一是平面的加工；二是孔的加工。因为箱盖的结构比较复杂，加工的工序较多，所以对该工件进行加工工艺的分析研究将直接影响到工件加工的精度、生产成本和生产效率。

齿轮箱壁薄，容易变形，处理前要进行时效处理，以消除内应力。在处理过程中，要注意夹紧位置和夹紧力，以防止箱体变形。

减速器箱体机械加工的关键就是箱体箱盖结合面、轴承孔、通孔和螺纹孔的加工。

箱盖箱体结合面、加工孔的端面要选择专用夹具，它可以保证孔的位置精度。

两个平行的孔的精度主要由精密设备来保证。它可以保证各平行孔轴心线之间以及轴心线与基面之间的尺寸精度和位置精度。

箱体箱盖的结构外形比较复杂，需要加工的表面多且要求高，机械加工的工作量大。根据箱体的工艺性要求主要有以下几方面需要考虑。

①孔的尺寸精度以及表面粗糙度。主轴支撑孔的尺寸精度考虑为 IT6 级，表面粗糙度（*Ra*）考虑为 0.4 ～ 0.8 μm，其他支承孔的尺寸精度为 IT5 ～ IT7 级，表面粗糙度都为 1.6 μm；支承孔的几何形状精度要求不超过孔径公差的一半。

②孔的相互位置精度。支承孔的孔距公差考虑为 0.05 ～ 0.10 mm，中心线的平行度公差考虑取 0.012 ～ 0.021 mm，同中心线上的支承孔的同轴度公差考虑为其中最小孔径公差值的一半。

③有相互位置要求的表面尽量在一次装夹中加工完成。

（三）减速器箱体箱盖毛坯制造工艺

减速箱箱体材料的选取要考虑到摩擦、震动吸收、可铸造性等各个方面的性能，一般推荐使用灰口铸铁（简称“灰铁”）来作为基本材料。由于灰铁不仅具备吸震、铸造性好的特点，并且成本也很低，是批量生产零件的优选。

箱体的大部分可以选用灰铁 HT250，对于一些要求高强度的零件，也可选用 HT300 或者 HT350。一般尺寸不太大的部分，可以使用一体成型的铸造灰铁，而对于部分尺寸较大、难以一次成型的，从成本上考虑，可以分为多个零件单独成型，然后焊接而成。使用铸－焊工艺，有很高的灵活性，可以在小的铸造设备上完成一些大毛坯的生产，所以铸－焊工艺可以完成大部分铸造生产工作，在实际工业生产中有着广泛的应用。

尽管铸－焊工艺有以上优点，在实际使用中也要考虑到由于焊接时会额外造成加工机床的负荷，一般会在焊接完成后首先进行粗加工。同时，由于毛坯本身存在内应力，加工时会由于部分应力释放导致加工精度变差，所以一般在加工前，需进行必要的工件热处理。

另外，铸造件内部由于工艺水平不够，可能产生沙眼、杂质等，会导致毛坯质量变差，所以一定要在铸造过程中严格控制铸造环境和材料的成分，以防止不必要的毛坯损伤。

（四）减速器箱体箱盖机械加工工艺

在机械加工过程中，为了保证定位精度，往往在标注上使用某个端面或者边作为定位基准，其他的定位数据以此基准进行标注和表示，从而保证定位的精度，大大提高加工质量。

1. 粗定位基准的选取

在一个零件中，如果有许多不需要加工的面，就应该选一个与需要加工的面有最高精度要求的面作为粗基准。这样便可以保证位置上的精度要求了。

在加工零件的过程中，有些时候必须保证一些面上加工的余量均匀，这样就应该以此面为粗基准了。

在工件的加工中，有些工件有许多需要加工的端面，在选择加工位置时，往往使用非加工面作为工件加工的粗基准且应该选择毛坯余量最小的面作为粗基准面。

为了使工件在定位的过程中尽可能地准确可靠，这就要求所选的粗基准要光整，不能太粗糙。

为了使定位误差尽可能小，应避免在一次加工中，在一个尺寸方向上多次使用一个定位基准。这样才能避免由于重复定位产生很大的定位误差。

减速器壳体加工时，需要关注的关键部位较多，箱体及箱盖铸件成型后，其箱座底面与箱底箱盖结合面、轴承孔、连接孔等关键结构尺寸均会发生关系，且箱座底面的结构特点决定了此处毛坯余量小且较均匀，故选取箱座底面作为零件加工的粗基准。

2. 精定位基准的选取

①基准重合原则。基准重合指的就是加工时用精加工基准为工件设计时的

设计基准。当然有时在工件的生产过程中由于不好定位等原因不能用到设计基准，这时用其他基准作为加工的精基准也是可以的。

②基准统一原则。基准统一指的就是在加工工件时应该在选用了一个精基准以后，就以该精基准为基础完成尽可能多的加工工序。这样可以使工件加工的精度得到有效的保证，同时也可以减少变换工件装夹基准所用的时间。例如，在加工减速器箱盖时，箱盖与箱体合箱以后就应该尽可能以底面为基准加工完箱盖上其他同一基准面的部分，从而保证在加工时，不会由于多次更换基准面而导致加工效率下降。

③互为基准的原则。在加工工件时往往会遇到在同一个工件上有两个待加工的平面，并且这两个平面有较高的精度要求的情况，这时就应该先以一个平面为加工的精基准，然后再以加工了的面为精基准加工另外一个平面。例如，在加工减速器箱盖时，如果要实现箱盖结合面与箱盖凸缘的位置精度要求，就应该先以结合面为基准加工凸缘，然后再以凸缘为基准加工减速器箱盖的结合面。

④自为基准原则。在加工工件时有些工件的加工表面要求有很小的余量且余量得均匀，这时就应该用工件自身的一些面或者边作为基准，如机床的导轨，就要求加工的余量小且均匀，这时就应该采用以自身为基准的方式来对机床进行生产加工。

⑤便于装夹原则。为了能够装夹方便，使工人的劳动强度减小，提高生产的效率，所以选择的精基准应该能使工件便于装夹，同时还应该保证定位准确可靠，用作精基准的表面的粗糙度应该要小一些。

减速器壳体的主要尺寸部位为箱底箱盖结合面、轴承孔及连接孔。首先以箱座底面作为零件加工的粗基准进行轴承孔的粗加工，然后以粗加工后的轴承孔为基准完成箱座底面的加工，加工完成后的箱座底面便可作为减速器壳体零件加工的精基准。

3. 机械加工工具的选用

（1）夹具的选择

当工件大批量生产时，为了提高生产率和加工质量，就应该采用高生产率的专用夹具。夹具的精度应与工件的加工精度相适应，这样可保证工件的加工精度要求。

（2）刀具的选择

在选择刀具时通常要考虑零件的加工方法，工件的材料、精度要求和经济性方面的要求。

（3）量具的选择

箱体箱盖的生产属于大批量生产，应该选用通用夹具。

（4）辅具的选择

选择装备时还要认真地对辅助工具进行选择。辅具有吊工件用的吊车；运输工件时用到的叉车或者小车；机床的各种附加的元件；放刀具用的刀架等。这样有助于生产的组织管理，对工作效率的提高十分有利，效果也十分明显。

4. 工艺路线的选择

在机械加工过程中，为了提高加工效率，保证加工精度，需要有一套完备的流程来约束加工过程中的每个工艺步骤。这套完备的流程是加工工艺的主要表现形式，既可以作为标准在行业内流通，也可以作为工艺验收、工艺成熟度以及可重复加工的主要参考文件。一般对于成熟零件的加工工艺，行业内都会有非常高效的工艺流程。

所以在进行箱体外壳加工时，也需要具备一套加工流程，有一些应该遵循的基本原则，具体如下。

①先基面，后其他。工艺路线开始安排的加工表面应是选作定位基准的精基准面，然后再以该基准面定位加工其他表面。

②粗精分开、先粗后精。在加工过程中，对于不同精度要求的加工子流程，一般都先将精度要求低的完成，然后再进行精度要求高的加工流程，这样可以保证加工流程的一致性。

③先面后孔。很多时候，工件的平面特征可以作为基准定位，基于此，大部分加工流程都会有先面后其他的要求，其中先面后孔是典型的一种加工方式，因为通过先加工面，可以将基准面加工出来，而后续孔的加工可以以此基准面进行，从而保证精度，提高效率。

④工序集中，先主后次。由于加工中每次更换基准面都会造成相对误差，所以如果待加工的特征比较集中时，往往使用同一基准面，而在工艺进行过程中，也要求同一基准面的面、孔等特征在同一子流程中完成，以减少装夹次数。

第二节　现代汽车典型零部件材料的应用和发展

一、汽车零部件材料的应用

材料是人类生产和生活所必需的物质。在汽车的生产制造和车辆工作行驶时用到的材料统称为汽车材料。现代生活对汽车的安全性、舒适性、自重、污染排放、能耗、价格等提出了各种要求，这需要设计者能够正确合理地选择汽车的材料。各种新材料的应用，促进了汽车的功能性提高并且使汽车工业得以发展。

（一）金属材料

1. 一般应用

通常人们将金属分为黑色金属和有色金属两大类，我们常说的钢铁材料就是黑色金属。如今的汽车零部件材料以黑色金属为主。在汽车工业中碳素钢或铸铁多用来制造普通的汽车结构零部件。功能性汽车零部件则采用合金钢制造，如齿轮、十字轴、汽车纵横梁等，还有专用的合金弹簧钢、滚动轴承钢，以及用来制造空气压缩机阀片、汽车外装饰件的不锈钢，用来制造发动机进、排气门的耐热钢，用来制造拖拉机履带的耐磨钢等。

有色金属是黑色金属以外的金属的统称。汽车使用的有色金属主要有铝、铜及其合金和滑动轴承合金，如铝合金汽车轮毂和铝合金发动机缸体、铜合金轴套和衬套、汽车轴承合金制作的轴瓦等。

2. 汽车轻量化中的应用

在进行汽车制造工作时，汽车轻量化要求设计人员改变设计方案，积极应用新型开发技术，应用各种轻量化材料，改变汽车的整体重量和外形。

一般来讲，进行汽车轻量化制造所需要的材料主要有两类：一类是密度较低、重量较小的材料，包括铝、镁、钛合金等金属材料，塑料或者复合材料；另一类则是强度较高的材料，如强度较高的钢材料。可是，聚合物类的塑料材料虽然重量较轻，但是很容易产生污染问题，所以对此类材料的应用要求较高，存在很多限制因素。

由此可见，当前在汽车制造行业想要进行汽车轻量化生产，就必须积极应用一些轻质材料，如密度较低的金属材料。利用这些金属材料混合成的金属制品进行汽车制造工作，不但能够确保汽车的安全性能符合生产标准，而且能够在一定程度上减轻汽车的重量，减少能源消耗，符合环境保护政策的具体要求。

（1）铝合金的特点及应用

目前，可以进行汽车轻量化制造的金属材料越来越多，铝合金是较早被应用到的材料之一，相关的生产和使用技术都非常成熟。铝合金材料整体密度非常小、强度较高、抗冲击能力较强、相关材料的弹性较好，而且由铝合金制成的汽车零部件整体抗腐蚀性较强，不易被侵蚀。另外，铝合金制品制作起来相对容易，着色度较高，相关材料和制品能够有效地回收再利用，进而起到节约资源的作用。正因为铝合金具有这些优势，所以在汽车轻量化制造过程当中受到了广泛的欢迎。具体来讲，在制造汽车时，铝合金材料被用于制作汽车轮毂、汽车悬架系和动力系中的各个零部件，通过技术人员的深入研究和开发，铝合金等金属材料能够被应用到更多的汽车制造工艺当中，不断推动当前汽车轻量化的发展和进步。

现在，与铝合金材料相关的研究越来越多，想要跟随社会发展的脚步，推动汽车轻量化的发展，相关企业和负责人正在积极进行技术研究和工艺研究，分析各种铝合金材料的加工制造和应用方法。目前来讲，铝合金半固态成型技术脱颖而出，被应用到了汽车轻量化工作当中。在汽车制造过程中，使用铝合金半固态成型技术，不但能够使相关汽车零部件的功能更优良，还能使整个零部件的组织结构更加紧密，提升零部件的品质。铝合金材料与钢材料对比来看，其承受能力和强度相对较差，这也就导致铝合金材料在应用过程中存在一些限制，对其加工成型技术的要求也逐渐增高。另外，铝合金材料的制作和应用工艺需要消耗的成本越来越高，限制了其被广泛使用。

（2）镁合金的特点及应用

镁合金材料相对来说具备超强的开发潜力，与铝合金相比，镁合金材料的密度更低、重量更轻。与此同时，镁合金材料的强度高于铝合金和钢，而刚度则与铝合金及钢类似。另外，这种金属材料修正性和阻尼系数更符合汽车制造的要求，承受能力较铝合金来说更强，所以利用这一材料进行汽车制造，能够有效减少汽车噪声，提升汽车的安全性能，满足使用者对舒适度的要求。而且，镁合金材料的热性能较强，相关材料易于加工成型，其整体的稳定性较强，能够有效提高材料的利用率。当然，镁合金材料也存在很多缺点，相关材料的抗蠕变能力比较差，还需要进行进一步研究。

在进行汽车制造时，制作压铸件时可以积极应用镁合金材料，将铝合金或者钢材料替换下来。一般来讲，为了减轻汽车零部件中壳体类或者支架类（壳体类如一些离合器的壳体或者空调机的壳体，支架类则如方向盘、刹车支架等）重量，提高这些零件的品质，都可以积极应用镁合金材料。

（3）钛合金的特点及应用

钛合金材料的综合性能较强，具备密度较小的特点，不但强度较高，而且抗腐蚀能力强，即便在恶劣的环境当中，仍然具备很强的耐热性和抗腐蚀性。

在汽车轻量化中应用钛合金材料，不但能够减轻内燃机往复运动件的整体重量，还能够有效减轻整个汽车的重量。在制作发动机元件或者底盘件时，很多零部件都可以应用钛合金材料。

（4）高强度钢的特点及应用

实际上，钢铁材料是汽车制造行业中最主要也是最重要的材料之一，高强度钢材的应用是未来汽车制造发展研究的必然方向。高强度钢是指强度和韧性较高的钢材料。

与铝、镁合金等金属材料相比，高强度钢的应用和研发工作消耗的资金较少，它可以广泛应用到汽车各种零部件的制造当中，包括一些结构件、安全件或者车门防撞梁等，能够有效提高汽车的安全性。

虽然汽车制造行业的发展推动了社会的进步，提高了大家的生活品质，但是，随之而来的是更严重的环境污染问题和资源消耗问题。由此可见，在进行汽车工业建设时，一定要积极研究汽车轻量化方案，积极应用各种金属材料和加工技术，充分发挥金属材料的价值和作用，减轻汽车的重量，推动汽车制造行业的可持续发展。

（二）非金属材料

随着现代材料性能的改良和各种新型材料的不断出现，现代汽车制造中非金属材料的应用比例也在不断上升。

塑料材料可以应用在仪表板、座椅、顶棚、门内板、发动机罩盖内衬等内饰件上，也可以应用在保险杠、散热器格栅、翼子板（挡泥板）、灯类等外饰件上，还可以应用在汽车冷却风扇、气门室罩盖、油箱、水泵等功能件和结构件上。因为橡胶的弹性、热可塑性、黏着性，以及绝缘性等良好，所以汽车上的减振元件、轮胎、垫圈、胶带、油管、皮碗、电线护套等都是由橡胶制造的。

汽车上常用的玻璃有钢化玻璃、夹层玻璃以及在其基础上衍生的其他类型汽车玻璃，如中空玻璃和防弹玻璃等。在当代汽车制造业中陶瓷和新型复合材料也得到了越来越多的应用，如发动机火花塞和氧传感器等均由陶瓷制造而成；

碳纤维合成的复合材料，有良好的过载安全性、摩擦和振动少、成型工艺简单等特点，已经应用到汽车制动盘和汽车轮毂的制造上。

（三）汽车运行材料

为了保证汽车的正常行驶，汽车还需要使用燃料、润滑油、齿轮油、制动液、冷却液等大量的运行材料，以满足汽车能量的转换、传动的润滑和冷却、车辆制动等工作过程的要求。

汽油和柴油燃烧时会对环境产生污染，但是目前两者还是现代汽车工作的主要动力来源。此外，还有一些新型燃料，如醇醚燃料、合成油、生物柴油、氢能等。

汽油是点燃式发动机的燃料，车用汽油的主要选用依据是发动机的压缩比。要注意汽油和柴油不能混用；溶剂汽油不能与车用汽油混用。另外，汽油属于易燃易爆品，一定要注意安全。柴油是压燃式发动机的燃料，不同标号的柴油可以混合使用，并可根据气温的高低酌情调配，但严禁向柴油中掺入汽油。

汽车发动机润滑油使用量大，工作环境严格，一般按说明规定选用并要注意定期、定行驶里程或按质换油。

汽车的手动变速器、减速器、转向器等处的齿轮机构，工作时会受到很大的单位压力，这些位置离不开齿轮油的润滑和减摩。润滑脂俗称黄油，常温呈半固体状态。润滑脂具有许多优良性能，是汽车中不可缺少的润滑材料。

汽车制动液俗称刹车油，目前主要是合成型制动液。按其基础液的不同，常用的有醇醚型和脂型两种。

汽车防冻液是一种含有特殊添加剂的冷却液，按防冻剂的不同，可分为酒精型、甘油型、乙二醇型等。

汽车挡风玻璃清洗液（俗称玻璃水）的成分有水、酒精、乙二醇、缓蚀剂等，功能是清洁玻璃、防止结霜、防雾，以及润滑玻璃。

（四）其他汽车材料

汽车电工材料可分为绝缘材料、导电材料、半导体材料和磁性材料，主要作用是导电、导磁或绝缘。另外，不少汽车美容与装饰材料，如汽车清洗剂、车蜡、汽车保护剂、车膜、汽车地胶、车载儿童座椅、汽车外装饰材料等也更多地出现和应用，以满足不同的驾驶人群对汽车安全、美观、娱乐、个性化的需求。

二、汽车零部件材料的发展

随着汽车工业的发展和人们对生态环境重要性认识的提高，节能减排和绿色环保理念也更多地引入汽车材料的研究、推广和应用上。汽车轻量化已在汽车材料的选择上得到了广泛的认同。轻量化的概念是指在保证汽车行驶安全的前提下降低汽车重量，同时增加汽车的功能，从而节约能源，减少污染。

（一）高强度钢材料的发展

随着全球气候变暖和能源危机加剧，开发安全性更高、油耗更低的汽车，已经成为汽车工业的主攻方向。汽车减重是降低油耗、减少污染物排放、提高运输效率的最有效措施之一。而高强度钢是既能保证汽车轻量化，又能保证和提升汽车安全的性价比高的现代汽车制造材料。同时，非调质钢由于其成本低、性能优良、节能减排、绿色环保的优点得到了迅速发展，尤其在汽车发动机曲轴、连杆、转向节等方面得到了广泛普遍的应用。因此，采用高强度的非调质钢代替高耗能的调质钢来制造汽车零部件成为汽车工业发展的一个重要趋势。

汽车发动机及传动系统在周期性变化的气体力、惯性力和力矩的共同作用下工作，承受弯曲和扭转交变载荷，受力大而且受力情况复杂，故汽车发动机零部件用钢需具有足够的强度和刚度、较好的抗弯曲和扭转的疲劳强度以及一定的韧性。目前应用较多的是铁素体 - 珠光体型非调质钢，这类钢在生产中容易出现混晶和铁素体沿晶分布导致的组织不均匀现象，进而降低了韧性而无法满足应用需要。因此，开发更高强度级别及更优韧性的非调质钢成为研究的重点。贝氏体钢是一种具有高强度和优良塑韧性的钢种，以贝氏体代替传统铁素体 - 珠光体组织可显著提高钢材的强韧性，其中，无碳化物贝氏体以其精细的组织结构能达到更佳的强韧匹配，成为汽车发动机零部件等用非调质钢的重点研究对象。

将无碳贝氏体组织与非调质钢生产工艺相结合，通过 Nb、Ti 复合微合金化与控轧控冷技术，可设计出新型汽车零部件用的以无碳化物贝氏体组织为主的高强高韧非调质钢。以无碳化物贝氏体非调质钢为研究对象，以控轧控冷工艺为调控手段，以微观组织表征为研究基础，分析组织对强度和韧性的影响规律，得到了成分 - 工艺 - 组织 - 性能综合匹配俱佳的无碳贝氏体非调质钢。通过 Thermo-Calc 软件计算了不同合金体系无碳化物贝氏体非调质钢的平衡析出相析出规律；研究了无碳化物贝氏体非调质钢在不同等温条件对组织演变规律和性能的影响；探究了不同终轧条件及轧后冷却速率对无碳化物贝氏体非调质钢组织与性能的影响；研究了不同 Mo、Nb 含量对无碳化物贝氏体的相变行为、显微组织和力学性能的影响；分析了不同终轧和轧后冷却速率条件对无碳化物贝氏体组织中残余奥氏体形貌、数量和尺寸等的影响，并探究了残余奥氏体对强度和韧性的影响，对在实际生产中应用无碳化物贝氏体非调质钢具有重要意义。

1. 汽车用贝氏体非调质钢

从本质上讲，若钢的强韧性不是通过调质热处理工艺而是通过合金化特别是微合金化与合理的控制轧制、控制冷却工艺的配合得到的，便可称为非调质钢。其概念是在 20 世纪 70 年代世界石油危机的背景下为节省能源而提出的，当时的联邦德国蒂森公司研制出第一代非调质钢 49MnVS3，以替代 50Mn、40Cr 等调质钢用于生产奔驰汽车发动机曲轴。随后，世界各国都竞相研究和应用非调质钢，先后开发了第二代、第三代及复合微合金化非调质钢，从而扩大了非调质钢的应用领域。目前，非调质钢的研究与开发已经历铁素体－珠光体型、贝氏体型和马氏体型三个阶段，并仍在不断地完善和发展中。非调质钢的制造成本低、制造周期短、能源消耗低并且性能优异、低碳环保，是一种“绿色”钢种，有利于环境保护。

我国非调质钢行业于 20 世纪 80 年代开始起步，生产能力与技术不断提高，如今已取得长足进步。2012—2018 年，我国非调质钢产量年均复合增长率为 17.6%，市场需求量年均复合增长率为 18.3%，我国非调质钢市场需求量大于行业总产量。其中，汽车工业是非调质钢的主要应用市场，2018 年其需求占比已达 85%，非调质钢在汽车工业主要用于发动机曲轴、前轴、转向节、连接杆、轮毂、万向节等汽车零部件制造领域，可省略调质过程、节省 30% ～ 50% 的零部件制造消耗、减轻汽车重量，使其达到轻量化要求，还可降低 10% ～ 20% 的成本，减少调质过程中淬火引起的变形开裂，简化校直工序。目前我国人均汽车保有量较低，未来汽车市场仍有较大增长空间，且汽车轻量化发展已成为趋势，非调质钢在整车上的应用比例将持续攀升，有利于我国非调质钢行业的长久发展。

虽然我国非调质钢行业已取得了长足的进步，但与一些钢铁强国相比，我国使用非调质钢的比例仍较低。例如：德国目前汽车行业中曲轴、连杆、前轴、半轴等锻件 70% 以上采用非调质钢制造，仅大众公司用 27MnSiVS6 非调质钢制造的轿车连杆年产量就达 250 万件；瑞典沃尔沃汽车公司每年约消耗三万吨非调质用来钢制造汽车零部件；美国福特、意大利菲亚特及俄罗斯伏尔加汽车公司均采用非调质钢来制造曲轴、连杆等零部件；日本在近几年的汽车制造业中 90% 以上的曲轴、连杆均已采用非调质钢制造。我国的汽车行业中非调质钢的使用比例仅占 16%，但随着国内外合作项目及技术引进项目的研发应用，我国逐渐推进开发了 F30MnVS、F38MnVS、F45MnVS、F49MnVS 等典型牌号的铁素体－珠光体型的非调质钢，并在国际标准《热加工温度下沉淀硬化铁素体－珠光体工程用钢》（ISO 11692—1994）的基础上形成了我国国家标准《非调质机械结构钢》（GB/T 15712—2016），其中 F49MnVS 主要用于制造发动机曲轴，F30MnVS 则主要用于制造发动机连杆。因为这类零件具有交变载荷的工作特性，往往要求材料具有较高的强度、刚度、耐磨性、耐疲劳性以及一定的冲击韧性和塑性。但是目前国内生产的非调质钢质量和力学性能的稳定性和一致性较差，特别是韧性不稳或稍显不足，并且成本控制能力较弱，故而出现国内非调质钢并未大规模推广的困境。

随着社会对节约资源、能源以及环境保护的要求越来越高，钢铁材料的低能耗和高强化发展是必然的趋势，非调质钢以其成本低、性能优良、节能减排、绿色环保的特点，势必成为钢铁材料高强化发展的研究重点之一。所以，开发新型非调质钢，通过微合金化和控轧控冷工艺手段使其具有相对稳定的力学性能和较好的韧性，是目前我国汽车零部件用非调质钢开发中最为关键的一环。

当前，我国应用较多的铁素体－珠光体型非调质钢的强度提升主要源于固溶强化和沉淀强化，这两种强化方式均对韧性不利，而生产过程中工艺波动则会导致组织中出现较多的贝氏体或马氏体，还易产生带状组织使组织不均匀，更不利于强韧性的匹配，尤其是冲击韧性与调质钢相比有一定差距，限制了其应用。同时，随着对钢材强度的要求越来越高，铁素体－珠光体型非调质钢在提高强度上上限较低，难以在满足相当强度的条件下保持较好的韧性。而对于贝氏体型非调质钢，其在合金元素含量较低的同时能达到较高的强度和良好的韧性，且在强度上远高于铁素体－珠光体型非调质钢，在韧性上显著高于其他碳氮化物强化的微合金非调质钢，因此能较好地应用于各类较大强度载荷及高韧性的结构件上，是值得开发的新钢种。

2. 贝氏体钢

贝氏体钢是过冷奥氏体的中温过渡性转变产物，它以贝氏体铁素体为基体，同时可能存在渗碳体（Fe_3C）或碳化物、残余奥氏体等。贝氏体铁素体由亚片条、亚单元、较高密度的位错等亚结构组成，这种整合组织称为贝氏体。自达文波特（Davenport）和贝恩（Bain）于 1930 年首次发现钢的中温相变产物至今，人们便对贝氏体钢和贝氏体展开了广泛深入的研究。按照不同的分类方式，贝氏体组织可分成不同类型：按形成温度可分为上贝氏体和下贝氏体；按形态可分为针状、片状、粒状、竹状、羽毛状和柱状贝氏体等；按相组成可分为无碳化物贝氏体和有碳化物贝氏体；按碳含量可分为低碳、中碳和高碳贝氏体。

随着时代的发展和技术的进步，对钢的性能要求越来越高，不仅要求具有较高的强度，还要有良好的塑韧性、低的韧脆转变温度以及优异的加工性能（焊接性能、冷成型性能等）。如何平衡强度和韧性一直以来都是金属材料领域研究的重要问题，尤其是在微合金化和控轧控冷技术应用于生产之后，对于钢材的强度和韧性指标要求达到了一个新的水平，对于现代贝氏体钢更是如此。

（二）复合材料的发展

复合材料有重量轻、耐冲击和异形曲面加工容易等良好性能，可用在汽车车身和其他车用大型结构件的制造上。例如，碳纤维材料，同样体积大小的材料重量不到钢的 30%，且有很好的韧性和抗拉强度。此外，陶瓷和其他高分子材料也都在汽车制造上得到了一定的应用，如发动机燃烧室零部件使用陶瓷的薄膜喷涂技术处理，提高了隔热效果，有效减少了散热，降低了燃油消耗，使发动机体积更小、重量更轻。碳纤维增强复合材料具有重量轻、强度高、耐高温、耐腐蚀、疲劳性能好、热力学性能优良、可设计性强等优点，广泛应用于军事、航空航天、高速列车刹车系统及汽车复合材料结构件等领域。

（三）合金材料的发展

在汽车制造中，有色金属及合金、非金属和复合材料等新材料将越来越多地代替传统的黑色金属。现代轿车中开始大量应用非金属材料，工程塑料正广泛用于汽车保险杠、内外饰覆盖件及车用安全玻璃等。尼龙材料制成的发动机盖具有良好的表面，选用有颜色的铸模成型件，还能节省涂装，更经济和环保。用尼龙进气箱阀替代原来的铝进气箱阀，可使生产成本下降 30% 并减轻 50% 的重量。

多种材料的综合使用将会是汽车材料发展的方向，我们追求的是在满足汽车安全性、功能性的同时，把绿色环保放在首位，在车身恰当的部位和行驶环境中使用最合适的材料。

例如，构成整车模型的材料主要以钢铝为主，车身采用钢铝一体化的设计，汽车中部采用钢结构作为纵梁支撑，车身上部骨架采用 6082 铝合金，整体钣金件的材料主要为 0.5 mm 至 1.5 mm 厚度的合金钢，发动机、散热器采用刚性材料，轮胎采用超弹性橡胶材料，发动机盖、前后保险杠、行李箱灯采用弹塑性材料，保险杠采用分段的线性弹塑性材料。

（四）新能源汽车材料的发展

新能源汽车是指采用非常规的车用燃料（汽油、柴油）作为动力来源的汽车。通过热能、水能、风能、太阳能等得来的电能是二次能源，清洁环保。以电能为动力的汽车称为电动汽车，是当今汽车行业的发展方向。目前全球一半的电动汽车都在中国制造。电动汽车的研发，关键在于减少二氧化碳排放，创新动力系统的概念设计。除电池重量外，还要考虑降低车身重量，这就需要有性能更好的材料取代原有的材料，从而使车身和电池单元变得更轻。我国在电动汽车新材料的创新研发方面发挥着带头作用。

未来汽车要想在真正意义上超越传统的能源汽车，就必须以新能源汽车上应用的汽车材料为引领，考虑安全性、节能性和通用性，对重要位置的材料实现实用性技术突破。优良特性的合金材料、高性能的电工电子材料、综合性价比高的非金属及复合材料、石墨烯和新能源材料等将逐步被应用在汽车上，全球汽车材料产业必将经历一场前所未有的变革。

第五章 现代汽车装配工艺技术

在汽车整车市场需求增长的带动下，产业链上的汽车零部件制造企业也在同步发展。在激烈的竞争环境下，运营成本、产品质量、产能等因素都直接影响着汽车零部件制造企业的竞争力。汽车装配线作为现代汽车制造的基础，在汽车制造过程中发挥着重要的作用，同时也产生了很多问题。本章分为汽车装配技术现状、汽车内饰装配技术、汽车发动机与底盘装配技术、汽车装配技术及装配工艺装备的发展趋势四个部分，主要包括汽车装配技术概述、汽车内饰装配的范围、汽车内饰的主要部件、汽车发动机装配技术、汽车底盘装配技术等内容。

第一节 汽车装配技术现状

一、汽车装配技术概述

随着科技的不断发展，人们的生活质量也在不断提高，随之而来的就是产品品质的不断发展和改进。面对人们个体化需求和多元化需求的增多，产品也在随着这一趋势不断发展。正是因为有了这样的发展，才能更好地满足多种群体的不同需求。而产品的加工过程也需要不断改进，选择不同的方式进行加工。汽车装配的过程，就是将不同的零部件组装到一起，使整体具备使用功能，并且部分又有自己的功能。由于不同客户的需求不同，装配操作过程也就非常复杂。

汽车四大工艺分别为冲压、焊接、涂装和总装。首先，通过冲压工艺将钢板冲压成车身钣件；其次，通过焊接工艺对冲压成型的钣件进行焊接，成为车身主体、骨架、车门以及机盖等部件；再次，通过涂装工艺对车身钣件进行喷涂上色、防锈等处理；最后，通过总装工艺将涂装完成的车身与底盘、内饰等诸多零部件进行集成组装，完成整车的装配作业。

汽车主要由车身、底盘、发动机和电器设备四大部分组成。总装车间作为整车厂的主要车间之一，它的任务是将汽车零件在经过板材冲压、焊接、涂装等工艺后的空车身进行内饰装配、底盘及动力总成装配、检测。汽车总装流水线一般由上百个工位组成，通过滑橇、板式输送链等传动装置连接，主要由内饰线、底盘线、终线、检测线等组成。汽车的总装配以车身为装配基体，总装过程中主要安装的零部件有：车身内外饰装配，主要包括前悬挂、天窗、顶盖内衬、仪表板大总成、挡风玻璃等；底盘装配，主要包括制动管路、后桥、发动机、传动轴等；终线装配，主要包括电池、座椅、空滤器、方向盘及各种液体的加注。总装零部件一般分为功能件与紧固件，紧固件为实现功能件的固定或定位任务的零件。

二、汽车装配技术现状

（一）汽车装配技术现状的总体概括

随着社会的发展，汽车装配技术的发展也非常迅速。与发达国家的汽车装配技术相比，我国的汽车装配技术相对落后。不可忽视的是我国的某些生产企业依然将汽车的研发和设计作为唯一的核心工作，在思维层面上存在着一定的偏差，这也是导致我国汽车装配技术不能满足高速发展的汽车制造业需求的原因之一。由于汽车生产企业对汽车装配技术的忽视，对汽车装配技术人力、财力的投入不足，使得我国汽车装配技术的发展落后于发达国家，不能满足汽车制造的需要，甚至影响汽车的整体性能。

目前，高端的、智能化的装配设备的缺乏是我国大部分汽车生产企业的普遍现状，也是当前影响我国汽车装配技术发展的主要原因之一。然而这种情况还会随着全球经济的不断发展而日益严重。同时由于汽车装配技术的落后，我国在国际汽车制造行业的竞争力也会降低。

（二）汽车装配

1. 工艺传输设备

工艺传输设备，主要包括总线、总线上的运输设备。其作用主要是对半成品和零部件进行运输。总装线是传输设备中完成汽车装配过程的核心设备，总成吊装设备的作用则是在汽车驾驶室和发动机操作完毕后，完成总体装配，具体到实际操作中就是将零件发送到总装运输设备上。总成吊装设备多为悬挂设备，而最常见的运输方式也是普通悬挂运输。而大总成线上的设备又各有不同，如驾驶室及发动机采用的是单轨道起重设备，同时利用机械化与自动化技术。

2. 装配发动机

发动机的装配线可供选择的类型有很多，自由辊道 + 双链桥架小车式、悬挂链式是最为常见的发动机装配线类型。这两种装配线类型是以流水线强行配置为运作形式，提高效率的同时进行专线运行与装配，不仅可以在发动机装配的自由度上有所提高，还可以在生产效率和安全程度上有所提高。

3. 油液添加设备

汽车行业的不断发展，在一定程度上推动了油液添加设备的发展，技术进步的优势体现在各个方面，如燃油、防冻液等的添加注入都可以通过设备进行提前调控，严格把控剂量。通过这种添加方式，不仅可以节约劳动力，减少人员冗杂的现象，还可以避免因人工操作失误而导致的事故，提高安全系数。当前，许多汽车生产企业的加注机已经十分先进，不仅可以定时定量加注，还具有加注时对其进行定量检测等功能。

第二节　汽车内饰装配技术

一、内饰装配

汽车内饰是汽车车身的重要组成部分，主要指汽车驾驶、操纵所需的各种机构、装置和汽车内部装饰所用到的各种设施。汽车内饰不仅有着装饰作用，还在汽车的功能、安全性、舒适性以及减震、隔热、吸音、触觉和视觉等方面起着非常重要的作用。一次内饰装配线主要是对车身进行必要零部件的安装，如锁体总成、支架、卡子、天窗、减震垫、隔热垫等，并进行相关零部件间线束的布置和连接，从而为底盘装配和后段车身内饰装配奠定基础。

汽车的发明最初是为了适应“人”的陆地探索性需求的，因此其工具性极强、舒适度很低、操作难度高。然而，随着汽车产品体系的日益丰富，人们在面临更多选择的同时，汽车消费观也有所不同，人们对汽车的需求从过去的功能至上，逐渐过渡到关注车的造型设计、舒适性等。在自动驾驶、车联网等技术的应用下，原本应该全部由人来执行的驾驶任务逐渐由机器承担，驾驶的任务难度大大下降，车内用户的身体和注意力得以解放，用户在车中的活动选择也更多，从而分化出更丰富的需求。

可见，汽车未来不再仅仅是代步工具，它既是移动的信息节点，也是新型的生活空间，为汽车的内饰设计带来无数的可能性，推动汽车内饰不断创新，激发设计师的灵感和热情。例如：从健康需求上，车内的传感器可以对用户的穿衣打扮、年龄、性别以及呼吸频率、心率等信息进行采集，从而对车舱内的温度、空气进行智能调节，为乘客提供舒适的车内环境；从情感需求上，汽车还可以通过生物信号识别技术，结合多通道传感器分析用户的情绪变化，对用户的情绪进行实时的感知，从而对灯光、音乐、温度、气味等进行调节，营造个性化的情绪氛围。

二、汽车内饰装配的范围

汽车内饰由多个零部件组成，包括仪表板、中控面板、方向盘、门板、座椅、氛围灯等主要部件以及各种按键、装饰件，是一个复杂的系统。然而，在实际的设计工作中，并不是每个部件都是设计的重点。从一般量产车和概念车的角度进行划分，汽车内饰装配范围如图 5-1 所示。

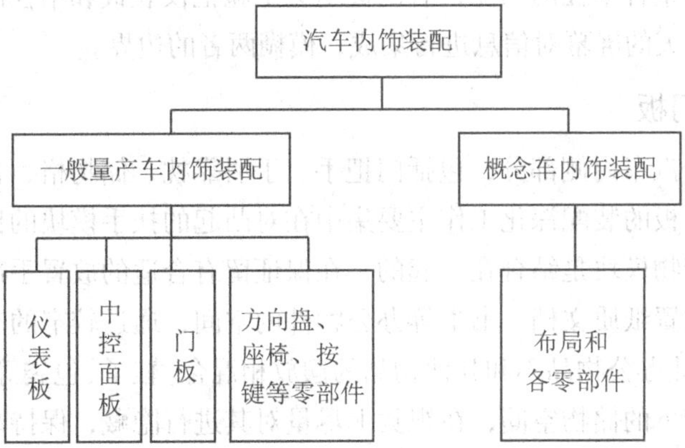

图 5-1　汽车内饰装配范围

在一般量产车装配中，仪表板、中控面板和门板被称为“三大件”，内饰装配的变化主要发生在这三个部件上，负责营造视觉的“重心”，而其他的零部件则视情况进行设计。部分零部件一般是通用的，如方向盘、按键等，这些零部件根据不同的车型定位，改动范围也有所不同。如果车型换代，即同个车型要做不同的造型，那么零部件往往会重新设计。而在概念车的设计中，一般而言，会对整个内部空间进行设计，自由度相对较高。不少以未来为背景的概念车中，部件间的边界逐渐模糊，会更加强调“座舱”的整体概念。

三、汽车内饰的主要部件

（一）仪表板

仪表板是位于汽车内部最前方的部分，包含仪表、空调出风口及其他控制元件。仪表板是乘客在内饰空间中的视觉中心，承载了驾驶员在驾驶中重点关注的信息。因此，要尽量避免过于繁复的切割，以简洁的型面呈现。例如，在以女性需求为主的车型上，内饰装配可以为不同部件的整合，让女性需求得到更好的满足。仪表板采用嵌套的设计方式，上部件为固定模块，下部件为可抽拉的环绕式片状组件，在视觉上营造轻盈的悬浮感，可用于储物和装饰。

（二）中控面板

中控面板又称为副仪表板，可对空调、音响、门锁等部件进行控制。随着信息技术的发展，中控的功能越发难以被物理按钮容纳。因此，在不少概念车中，会通过大屏幕整合中控的功能，有的甚至会干脆把仪表板和中控的功能同时整合，用一块巨大的屏幕对信息进行集成，模糊两者的边界。

（三）门板

门板位于汽车内侧部分，包括门把手、手肘靠枕、储物格、盖板、扬声器等零部件。门板的装配深化工作主要集中在对凸起的扶手模块的比例控制上。扶手模块和储物模块是结合在一起的，在保证留有合适的放置手部的空间的情况下，留下放置纸质文档、书本等办公物件的空间，通过较窄的空间限制物品的宽度，从而让办公物品不和其他物品的摆放相混合。鞋子、包袋等较大的物品，则放置于中控下的储物空间，在视觉上尽量对其进行隐藏，保持乘客视野范围内设计语言的统一和空间的整洁。

（四）方向盘

方向盘是驾驶员与汽车进行直接交互的部件，集成了方向控制、音响控制、车载通信和空调调节等功能。当前，其物理按键逐渐被触摸屏代替。在一些自动驾驶概念车的设计中，方向盘可以折叠到仪表板中，在需要的时候才弹出。在以自动驾驶为背景的概念车中，方向盘甚至可以消失。

（五）座椅

汽车座椅是车内占据面积最大的零部件，与乘客的乘坐安全性及舒适性息息相关。传统的汽车座椅造型相对固定，而智能汽车的座椅虽然会沿用传统汽车座椅的设计，但不少设计会借鉴家居座椅的设计，通过技术手段对座椅进行重构，把座椅变为人机交互的信息中心与载体。

第三节 汽车发动机与底盘装配技术

一、汽车发动机装配技术

随着现代化社会的快速发展，汽车已经成为人们日常生活的必备工具。同时，汽车维修行业规模也日益扩大。发动机作为汽车的核心系统，其结构复杂、涉及原理众多，起着保证整个汽车系统正常运作的动力源的作用。

（一）发动机装配工艺

发动机装配是汽车发动机制造过程中的关键环节。发动机装配生产线中布置着大量的传感器和电子检测设备，用以采集装配过程、质量检测过程中的各种工艺参数以及发动机性能指标信息。在工业大数据背景下，充分利用这些生产数据并提取其中有价值的信息，将其应用于发动机生产装配过程能够提高生产效率和发动机下线合格率。

发动机作为汽车组成的核心部件，为汽车的动力性能、经济性能、稳定性能提供充分的保障，而在汽车制造业中发动机的装配制造又是其中装配零件数量最多、装配过程最复杂的，因此发动机的装配制造过程显得尤为重要。发动机装配过程中由各工位协调组成流水线，装配线的各个环节均需要具备一定的可靠性和灵敏度，以保证生产线的连续性和稳定性。目前国内外的发动机装配线主要包括总装线、分装线、工位器具等。因发动机的决定性作用使得汽车企业一直对发动机装配线十分重视。

发动机在装配过程中涉及诸多环节，各个环节均对发动机下线质量和性能产生不同程度的影响。以装配过程中螺栓拧紧技术为例，螺栓连接已经成为其中最常用的紧固和连接方式，拧紧装配涉及自动、半自动工艺设备，此外还有手动工装环节及信息管理等多种系统来配合完成。此外柔性化、信息化的装配过程逐步成为评价一个发动机装配生产工艺的关键指标，通过数据驱动的装配工艺研究也成为发动机装配制造过程中重要的一环。

（二）发动机装配工艺与产品下线质量及性能检测的关系

发动机下线质量及性能检测是汽车整车检测的关键环节，是发动机生产过程中的最后一个重要环节，也是发动机生产和质量管理的一个重要部分，因此如何高效、准确地进行发动机质量和性能检测成为关注的重点。发动机下线质量及性能检测主要分为热试检测和冷试检测两种。其中热试分为发动机磨合、急速升温、怠速和急加减速四个阶段，通过连接相应的检测传感器以及记录发动机热力学相关参数，实现检测发动机漏水、漏油、漏气以及异响等故障，此外还可以记录发动机转速、油温、水温、油压、水压等数据。

由于发动机热试检测需要进行点火燃烧，并且其测试时间较长、测试成本较高，以及在生产过程中会造成一定程度的污染等，使得其逐渐被环保、污染少、成本更低、检测时间更短的冷试检测所取代，所以目前国内外车企生产线会在发动机下线时进行热试检测的比例在逐步减小，有些车企仅把热试检测作为抽检项目甚至全面取消热试检测。

1. 发动机装配生产线

发动机作为汽车的关键组成部件，其结构复杂，零部件众多。汽车发动机由两大机构和五大系统组成，即由曲柄连杆机构、配气机构和燃料供给系统、润滑系统、冷却系统、点火系统和起动系统组成。

汽车发动机在装配过程中涉及多种工序流程，发动机装配线包括总装线、分装线、工位器具及线上工具等，而总装线上包含活塞连杆、缸盖、增压机及排气歧管等分装线。此外，在发动机总装线中各个装配工序都按照工序系统工位号、工艺工位号、工序名称及工序类型一一对应，并在装配计划设计阶段生成工序对照表，用以展示完整的生产线工艺装配流程、制订发动机装配生产计划及提升生产效率等。

2. 装配工艺检测过程

在发动机装配过程中采取自动化与半自动化结合的方式，使各工位对应的相应装配数据均被存储于信息系统中。在生产过程中，对于不同的装配工序，均对应相应的工艺工位号及系统工位号，通过工位代号可以准确定位发动机装配过程数据，并针对所属代号进行数据分析，便于对发动机性能影响因素溯源。

3. 发动机下线检测与产品性能

发动机在装配过程中产生的数据种类繁多，通常分为以下几类：装配过程数据，主要是指发动机在装配过程中的检测数据，包括基本数据、涂胶数据、拧紧数据、锁块数据等；质量数据，主要是指发动机质检数据；性能检测数据，主要包括发动机转速、扭矩、功率、油耗、比油耗、修正系数、修正扭矩、修正功率等数据，其中转速、油耗、比油耗、修正扭矩、修正功率五项数据可作为发动机性能分析指标。

冷试检测可以对发动机装配质量及性能进行综合检测。在冷试检测中，主要包含以下检测项目。

①机油压力检测，分别在发动机转速为 500 rpm、2000 rpm 和 150 rpm 时进行检测，通过安装在台架上的压力传感器与油压接头对接的方式进行测量。

②扭矩检测，通过整合驱动轴的扭矩传感器来进行测量，将数据输入采集板，扭矩检测分为三个检测阶段，分别是启动阶段扭矩检测、高速扭矩检测及低速扭矩检测。

③噪声、振动和声振粗糙度（NVH）检测，用来检测发动机内部振动信号和噪声信号。振动检测通过在测试台架上的振动传感器来进行信号采集，安装在发动机缸体、缸盖等位置，噪声信号通过噪声加速计采集，并转化为电压信号从而进行展示。

④排气侧压力检测，通过排气口位置的压力传感器进行检测。对排气压力数据特征值分析可以检测发动机气门泄漏及装配不当等故障。

（三）大数据分析在发动机装配生产中的应用

在工业制造领域，随着信息技术的普及、各种新型传感技术的发展、存储和数据分析技术的突飞猛进，在制造生产过程中大量的数据被采集、存储并进行数据处理和分析。在国际环境下，随着德国工业 4.0 的提出，全球各个国家开始探寻适合于自己国家发展的工业发展新模式。依托于工业 4.0 和工业互联网的迅猛发展，工业大数据的概念应运而生。要实现制造过程中的大数据分析，需要深入分析生产线及生产制造系统中的各个环节，需要对制造的产品有全方位的立体分析。此外，数据的采集和存储也因为大量的软件和嵌入式设备在工业生产线的集成和应用而得以进一步发展。

通过现代的大数据分析手段，结合智能算法与具有高计算效率的智能电子硬件，工业大数据得到广泛的关注和普及。工业大数据具有以下三个特性：高容量、高速度和多种类。其中高容量指数据量需要达到较高的数量，高速度指数据的采集、处理速度满足较高的速度，多种类指数据包含多种类型。

由于发动机装配制造过程中工序长、工艺参数多，并且使用传统的统计分析方法难以将大批量的数据进行系统性的建模和分析，随着制造业大数据发展的兴起，以及大数据分析在各行业的逐步应用，采用大数据分析方法和相关关键技术对发动机装配制造及性能特征数据进行分析逐渐成为可能。

二、汽车底盘装配技术

底盘模块装配是底盘制造全工艺过程的最后一个环节，是将底盘结构件和零部件组装成底盘的模块总成。底盘装配线将输送系统、随行夹具、自动拧紧设备、自动化专机设备、检测设备、压装设备等进行有机的组合，具备柔性化的特点，能满足多种产品的装配要求。目前底盘模块装配线按运载输送形式可分为滚筒装配线和自动导引运输车（AGV）装配线两大类型，输送线沿着工艺路线，按照设计的节拍，依次经过各个工位，由装配工人或者全自动设备进行装配作业。汽车底盘属于安全件，对装配过程防错和信息追溯有较高的要求。

面对众多的整车客户，每条装配线根据产品特性，其装配工序和工位数量都会有所不同，但装配线核心流程和工艺形式是大致相同的。装配线的装配对象为三大底盘模块，分别是副车架模块、悬架模块和后桥模块。底盘装配的主要流程包括上线、零件预装、压装、拧紧、下线等工序。工位和工序是不同的概念，工位是指装配线中的一个环节，它可以由多个工序组成；工序是指工位中的一个环节，一个工序只代表一个或少数几个操作动作。

（一）汽车底盘装配线设备

1. 油液加注设备

根据油液加注的种类不同可将加注机划分为齿轮油加注机、柴油加注机和防冻液加注机。齿轮油加注机在特定季节中使用难度较大，如在北方较为寒冷的冬季使用这种形式的加注机时需要配备专门的加热装置。与此同时，汽车框架与汽车外壳之间的距离较小，使得加油部位的面积较为局限，使用齿轮油加注机的难度也有所提升。

2. 螺栓紧固设备

螺栓紧固设备是汽车底盘装配中的关键设备，但是螺栓紧固设备基本应用于一般的零部件安装工作，关键部件的螺栓安装则采用更加坚固耐用的电动拧紧机。电动拧紧机在使用的过程中能够实时监控拧紧过程，能够与计算机连线控制，根据不同的螺栓规格制定不同的拧紧程序，在实际应用的过程中只要输入预定的产品型号便能够自动开始工作。

3. 车架翻转设备

汽车底盘安装工艺实施的首要条件是将汽车框架翻转并且吊装，将汽车底盘中的各个零部件按照前、中、后的顺序依次组装。在进行汽车框架下部的零部件安装工作时需要不断调整汽车底盘的方向。汽车框架翻转机是针对汽车底盘组装工作研发的，能够便于工作人员在不同的角度进行安装工作，且能够保证定位正确、安装顺畅。

4. 工具吊挂系统及动力管线

在汽车底盘装配工作实施的过程中需要使用工具吊挂系统，按照不同位置的工作需求配置动力管线，动力管线使用的主要环节是将空气管道中的空气进行压缩。螺栓紧固工具是常见的风动工具之一，其压缩空气的压力为 0.6 MPa。供气管道中需要设计并且安装供气接头，数量以 1 ～ 3 个为最佳，如此能够保证汽车底盘在较高位置的吊装工作中保持稳定性和安全性。

5. 汽车底盘安装的检测设备

汽车底盘安装检测设备需要依照国家相关标准，对汽车底盘进行出厂联合检测，在确保汽车底盘的质量符合国家标准的基础上才能投放市场。现阶段，汽车底盘出厂检测主要应用侧滑试验台、转向试验台、前照灯检测仪、制动试验台、车速表试验台、尾气分析仪、底盘检查等设备。在对车辆底盘进行常规检验之后，还需要进行淋雨试验、性能试验、撞击试验等，以确定汽车在遇到突发事件情况下自身性能和质量的转变情况。对于出现严重故障和问题的汽车底盘，需要进行返厂维修，以确保出厂汽车底盘安全、合格。

（二）底盘车间整体介绍

底盘车间主要是为公司后道车间供应所需底盘的，其客户为承装车间。底盘车间通过对大梁、型材等进行加工、装配、焊接形成车架，并交付焊装车间合装骨架后进行电泳涂装，并由底盘装配线完成制动系统、传动系统、行驶系统、转向系统、部分电气系统的安装，形成完整的底盘。底盘车间工艺流程图如图 5-2 所示。

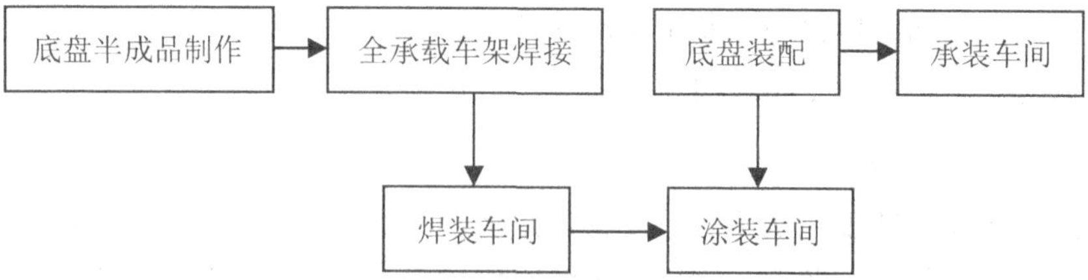

图 5-2　底盘车间工艺流程图

底盘车间生产过程中对自动化设备应用较多，如机器人焊接、自行葫芦线、轮胎输送线、轮胎智能拧紧机等自动化设备，但还存在依靠人工的操作，并不是完全的自动化。

1. 底盘装配流水线价值流现状

底盘装配流水线作为整个底盘车间的交付环节，直接对接后道客户，同时装配流水线也是底盘环节中工艺最复杂、配置变化最多的工序流，也因此出现了装配生产线上多项指标无法达到平衡的情况，如在保证后面一道工序顾客交付的同时，无法使产品品质以及人力成本支出两方面达到规定标准。

2. 底盘装配流水线未来价值流规划

要依据客户需求及车间人工成本、效率，对生产线平衡率、生产节拍与库存量、作业人员数量进行梳理。

①生产线平衡率。运用精益工具，可对瓶颈工序进行改善，各工序可通过设备工装、改造、产品结构优化来提升生产线平衡率。

②生产节拍与库存量。生产节拍要根据客户的需求进行调整，库存量要通过各工序均衡降低。

③作业人员数量。要基于车间用人规划及人均产出工时，合理配置生产线人数。

3. 底盘装配流水线主要问题

（1）效率与成本

根据现场观察及走访可知，影响装配线效率和成本的主要原因如下。

①部分员工在工作时间离开工位、员工工作闲散，导致作业效率低下。

②生产方面存在的问题也非常多，使得自己工位的装配任务无法完成。

③相近的两道工序分工不明，缺乏均衡性。

④各个工序内分工不均衡，员工作业时间不固定。

⑤产品结构或工装的不合理。

⑥组装工序较多。

（2）质量问题

①质量标准不清晰，员工凭经验操作，不同的检验人员对质量问题的评估不一致。目前指导员工生产的操作指导书，没有办法精准地将详细的加工办法、流程等描述清楚，并且质量要求不明确，绝大多数内容都只是规定员工需要做到什么程度，使得他们没有办法依照操作指导书去操作，只能依赖自己的经验来工作，从而使质量状态不可控。

②生产过程质量控制差，不能及时发现问题。一方面，目前车间装配流水线均配有生产线品质检测人员等，然而他们绝大多数都只是在生产线的最后一端，只是对完工的底盘进行检测，生产中途只偶尔进行巡检，并不曾对频繁出现问题的工位进行专门的设点检测，使得出现问题时无法及时发现；另一方面，完工的底盘检测，因质量标准不够明确，有一些底盘质量未达标也一样检测不出，使得问题往后流通。

③质量问题解决未形成闭环，没有预防性的控制计划，导致过程质量问题多，问题重复发生。当前车间未形成质量管理的完成系统，质量问题的解决不能形成闭环，对于班组长来说，处理异常问题以及质量返工已经习以为常，将问题解决以后却没有将其记录下来，对已经遇到的质量方面的问题无法展开研究，没办法找出引起问题的原因，使此种问题在生产线上多次发生而无法规避。

④装配物料本身的质量问题多。由于缺乏规范化的供应渠道，也就是供货的渠道很多，使得进厂的物料品质不一样，而有关的检测员不能保证对其进行全部检测，最终使得物料装配以后出现品质问题。

第四节　汽车装配技术及装配工艺设备的发展趋势

一、汽车装配技术的发展趋势

（一）汽车装配技术

汽车装配主要包括内饰装配线、底盘装配线、尾线装配三个部分。

内饰装配线分为内饰一线和内饰二线。内饰一线主要进行车门、天窗、车体主线束、发动机舱线束、传感器、顶棚内饰和后行李箱等的安装；内饰二线主要进行前后风挡、中控台、地毯、座椅和车门等的安装。

底盘装配线分为两条装配线：底盘一线主要进行发动机、变速箱、前后桥和传动系统与车辆的安装，以及油箱的安装等；底盘二线主要进行轮胎、前脸、保险杠及前后悬架的安装。

尾线装配主要以调节座椅以及车门、天窗的缝隙，各类油液加注，车内功能性检测为主。

这样就完成了车辆的全部装配工序，并且第一次启动发动机，而后需要进行四轮定位、大灯调整、路试等一系列检查与调整，在确认车辆各项功能都符合标准的情况下，车辆方可出厂交付给经销商。

（二）汽车装配技术的发展

1. 数据采集技术

随着人们对数据的价值度认可越来越高，加上世界每个角落都在不断地积累数据，各种与数据有关的新技术相继产生，如大数据分析、云计算、物联网、工业互联网等。然而大数据分析和云计算重点在于对数据的分析，物联网和工业互联网重点在于数据的传输，没有处于源头的数据采集技术作为支撑，大数据分析、云计算、物联网、工业互联网等先进技术将变得毫无意义。

（1）数据采集是实现生产过程透明管控的基础

车间装配过程的管控离不开生产数据的支持，只有及时准确地获取装配计划、装配设备、在制品、物料、工具、人员等状态信息，车间才能实现对装配进度、设备利用率、在制品质量、物流节拍、人员考勤等的有效管控。

（2）数据采集是工业互联网的支撑

工业互联网将工人、制造设备、计算机等连接到一起，目的是实现工业数据的共享。没有数据的填充，工业互联网相当于一个空壳，而车间数据的采集为工业互联网提供了良好的支撑。

（3）数据采集是大数据分析的基础

没有数据来源，谈何数据分析。尽管大数据分析可以为人类提供大量的决策支持，但世界各地每天都在不断地产生新数据，因而及时准确地采集其中的有效数据，是进行大数据分析的基础。

汽车装配包括装配任务的发布、装配工艺文件的拟定、物料的准备与运送、零部件装配、产品质量检测等步骤。整个过程涉及各种数据的产生和流通，其中包括产品数据、设备数据、员工数据、物料配送数据、生产计划数据、装配过程数据、检验数据等。

汽车装配所需的零件非常多，工艺烦琐。装配线一般为流水线工艺，每个工位顺序生产，大多数工位为手动工位，需要的装配操作工非常多。整个装配生产线流程控制复杂，人机交互较多，各工位都需进行数据采集，有机器自动采集的，也有人工采集的。

2. 系统仿真技术

随着计算机技术的发展，20 世纪 40 年代末，系统仿真作为一门新兴技术开始逐步形成。经过几十年的发展，计算机仿真软件吸取了大量的仿真学、图像图形、计算机及网络、软件工程等先进技术中的经验，得到了较快的发展。我国的仿真技术虽然起步相对较晚，但近年来也受到了极大的重视。

系统仿真的基础是系统元素性质以及它们之间的逻辑关系，以对实际系统的研究作为目标，利用仿真模型的建立得到系统状态和需要的各种信息。系统仿真需要将计算机作为研究平台，并且利用平台进行模型的创立和搭建，可通过对有关要素的改变来运行模型，归纳总结真实生产系统的运行状态和状态变化内部运行规律，经过不断地进行仿真实验研究，对所创立系统的数据信息和运行状态进行汇总处理，进而对系统特性做到进一步的了解。所创建模型系统的特征和运行参数跟实际运行数据信息统一后，能够实现真实系统运行状况的模拟，从而能够进一步发觉实际系统的相关特征，实现系统模型的搭建和改善。

3. 虚拟监控技术

近年来汽车市场竞争日趋激烈，用户个性化需求不断提高，汽车生产方式正由大批量生产向大规模、小批量、多品种、快节拍的柔性生产转变，这使汽车制造向数字化、智能化、可视化发展成为必然趋势。汽车装配线具有系统结构层次多、设备种类多样化、工况环境复杂多变、大量多源异构信息并存等特点以及全息、实时、透明的生产管控需求。只有研发汽车装配线多层次、多信息融合的 3D 虚拟监控系统，通过物联网技术与计算机图形图像技术的结合，以友好的 3D 人机交互方式实现汽车装配生产深度而高效的可视化管理，才能提高汽车生产装配过程管理的透明度和便捷性，进而为可持续生产和工艺优化决策提供支持。

制造信息的采集与集成是实现全息实时可视化管控的前提，为可视化管控提供所需的数据基础。制造信息集成是指将生产制造过程中的实时信息和制造资源的状态信息通过各种方式感知并集成，为制造车间的生产管控、物流调度、过程优化和设备维护等提供信息。生产制造车间信息集成技术经历了从原始低效的传统数据采集阶段，到后来的本地化数据采集阶段，再到现在的网络化数据采集阶段。制造车间一出现就对制造车间的信息集成提出了要求，一开始是以工单的形式实现的，每单需要收集的数据信息出现后，由操作人员将数据信息手动地写在工单上。工单随着工件流转于流水线上的各个工位，不便管理，难以统计，还增加了操作人员和工作人员的工作量，降低了生产制造的节拍，降低了生产效率。

随着技术的发展，出现了具有自动收集数据信息能力的自动化设备，这为本地化数据采集方法的出现提供了物质基础。这一阶段利用传感器、可编程控制器、嵌入式控制器和工控机等将生成制造过程中需要采集的制造车间信息储存在本地空间，改变了传统数据采集方式，提高了信息采集的效率，但是其扩展性差，采集到的数据信息难以共享，且往往信息的可读性较差。计算机网络技术的发展与物联网技术的出现为信息资源的共享和集成提供了条件。通过物联网技术可以将制造信息实时地采集传输至本地服务器，借助互联网将各地的服务器连接起来，实现车间制造信息分布式采集和集成调用，从而实现各个车间制造信息、制造资源的整合。这种新型的信息采集方式高效、易扩展，重新定义了当前的制造模式，是当代制造型企业信息化智能化技术研究的新方向。

随着自动化技术、计算机网络通信技术、传感器技术等的飞速发展，制造企业之间的竞争越来越激烈，信息产业已经逐渐成为世界经济新的增长点。先进生产制造技术的发展都需要建立在对信息技术以及多元化信息资源的集成和利用上，这些主要体现在制造车间生产制造自动化和制造车间信息集成及管理两个方面。当前中国制造业正在进行从低端走向中高端的产业结构调整和产业升级，力图通过制造业领域的创新与变革，实现从制造大国向制造强国的转变。因此，迫切需要通过车间实时可视化监控替代以往的车间监控方式，实现车间制造信息集成、车间生产制造过程的实时可视化监控以及基于车间可视化监控实现对车间制造过程的可视化管控，从而提高整个生产制造车间系统的可靠性和运行效率。

汽车装配过程是极其复杂的，其中包含大量冗余、多元化的信息。汽车装配线状态信息实时可视化管控的难点有：如何通过有效的通信技术与数据处理将具有多源异构、多领域、形式多样等特征的制造信息集成统一成标准的格式；将原始的传感数据转化成可读的状态信息；实现各系统状态信息与管控调度信息的集成；采用三维图形图像处理技术实现实时数据驱动的汽车装配线状态动态同步可视化。

汽车装配线实时可视化监控技术，涉及通用设备建模技术、复杂生产过程仿真、虚拟现实、实时数据驱动下的图形图像处理技术、可视化系统工程方法等。复杂生产过程的可视化为研究、改进现实复杂的生产系统提供了透视工具和实验平台，使研究人员能把握复杂生产过程的整体演进，发现内在规律，从而丰富了科学研究。

汽车装配线虚拟可视化有以下优势。

①汽车装配生产制造信息集成化。模块化的单独车间监控已经无法适应现代先进的生产制造系统的需求，需要基于信息集成技术实现对汽车装配生产制造信息的集成，并基于监控分析汽车装配线的瓶颈，为优化调度等功能的实现提供信息基础。

②汽车装配线三维场景同步与虚拟漫游。系统能够展示汽车装配线系统所在的厂房、系统设备、在制品、物料、工作人员等信息。可视化系统的使用者可以通过飞行器摇杆、鼠标、键盘等控制虚拟场景中以摄像机作为第一视角在虚拟场景中的自由漫游，选择感兴趣的内容进行精细化监控。

③系统监控实时化。物联网技术、计算机网络通信技术和信息集成技术的发展有效地提高了传感数据等信息的处理、传递、可视化的效率，极大地提高了汽车装配线作业现场数据采集、信息处理、信息传递、可视化的时间周期，为相关的工作人员快速响应生产现场问题、及时优化生产制造过程、实时管理制造设备等提供了信息基础，也使汽车装配线的实时可视化成为可能。

④与控制系统协同化。在实现汽车装配线实时可视化的基础上，与汽车装配线控制、调度系统集成，将汽车装配线实时可视化与系统控制、调度相协同。

⑤服务于产品的全生命周期。通过汽车装配线实时可视化，将其与产品的开发设计、生产计划生成和出库后产品管理等功能集成，使汽车装配线实时可视化服务于产品的全生命周期。

二、装配工艺设备及其发展趋势

（一）汽车装配工艺设备

当前的汽车装配设备主要有发动机装配工艺设备、汽车整车装配工艺设备和变速器车桥装配设备等。发动机装配工艺设备则包含发动机生产、出厂检验与输出等设备，而汽车整车装配工艺设备则是指汽车生产的运输设备。下面主要针对发动机装配工艺设备和汽车整车装配工艺设备进行简单叙述。

1. 发动机装配工艺设备

在现代汽车生产制造过程当中，产品由不同的零部件构成，所以产品装配线成为最常见和最直接的生产方式。装配线由不同流水化的连续作业生产模式组成，按照各自的生产要求完成不同的装配工作。发动机作为汽车的核心部件之一，其生产过程直接影响到整车性能，对工艺和工序的优化设计具有重要的现实意义。

装配线本质就是在工作过程中按照产品的装配工艺路线进行排列，从而保证加工对象能够按照要求完成成品制造环节，和流水线一样通过各种工序转换为最终的产品。装配线由不同的工位组成，各个工位也有固定需要完成的工序，每个工序所花费的时间基本相同。如果把主零部件固定在操作台之后，其他零部件可以附加完成整个装配环节。此类生产线的专业化程度非常高，将不同内容细分至各个工位，且每个工位的操作都具有专业性特点，在装备生产时按照相应的节奏完成工序内容。

装配线本身的复杂程度和产品装配时的工序存在必然联系，生产线工序越多说明生产效率越低，装配线越不容易达到最佳工作状态。所以要想让装配线达到一个最佳工作状态，就需要从工艺技术角度出发，了解不同作业元素之间的协调关系，将其按照最佳方式组合到工位工作当中。这里涉及一个概念，即“周期”，指的是装配线上的产品时间规划问题，是整个生产环节中最重要的生产元素之一。以汽车发动机生产环节为例，当所有的零部件就绪之后就应该按照既定工序流程将所有的零部件进行组合，完成装配工作。发动机性能的好坏取决于发动机装配时的技术条件，相关操作人员需按照规定的作业方法保持装备线与生产线的平衡，否则必然违反技术规范而产生不良效果。

2. 汽车整车装配工艺设备

目前，汽车总装车间使用流水线的方式完成对整车的装配。装配线包括内饰装配线、仪表分装线、车门分装线、发动机分装线、动力总成分装线、副车架分装线、底盘装配线及终装线等。其中，内饰装配线主要采用地面摩擦驱动的滑板输送方式；底盘装配线主要采用吊具输送方式；终装线主要采用地面板式输送链输送方式。

（二）汽车装配工艺设备的发展趋势

1. 发动机装配工艺设备发展趋势

我国汽车市场规模在不断扩大，汽车企业的制造能力和生产能力也在大幅提升。发动机作为汽车零部件中的重要组成部分，在现代汽车生产制造环节的价值显著。通过对装配线的优化和完善，可以保证整个装配生产的工艺步骤按照生产计划进行，减少因人员操作失误或工艺安排不完善导致的质量缺陷问题。

（1）组合机床的高效性与局限

中国的汽车行业是慢慢发展的。由于基础较弱，中国不断地吸取国外先进经验，进行学习，加工中心技术就在此时走入了中国汽车制造事业当中。最开始，人们对于加工中心的概念特征等都是完全陌生的，所以国内的发动机制造企业很少对其进行使用。在当时技术比较落后、产品的种类相对单一、产量低下的情况下，我国绝大多数的发动机制造企业都选择使用组合机床。组合机床本身的结构具有一定的局限性，在运作时，加工的对象和内容比较少，但相对于加工中心来说，其生产效率高、节拍短。

组合机床在使用前，会对加工的工序步骤进行设定，其加工的内容是固定的，一旦开始生产，对于工艺的内容是无法进行改变的，因此无法适应产品的改动和变化。如果某个产品的性能在技术变革推进下提升，其零部件的构成也会与之前不同，但是，由于组合机床上线后无法更改的条件所限，工艺和设备都不能再调整了。解决这个问题的办法就是在这个生产线之外，重新添加新的机床进行生产，这样不仅需要耗费较长时间进行准备，同时也使生产成本增加，延长了制作工期，降低了工作效率。

（2）装配工艺的灵活性

随着科技的发展，汽车市场日益繁荣，人们对于汽车的要求更加多样化。人们对于汽车的要求有很多，如排量低、噪声小、乘坐舒适等，在这些需求的引导下，人们开始对发动机进行改造和提升。在这个过程中，加工中心机床的使用是十分必要的，其生产准备的时间非常短，改进产品对生产线的影响可以忽略不计。

加工中心这一工艺是一个生产线当中生产节拍最久的。在设计工艺和掌控生产线的过程中，如何对加工中心的工序进行调整是极为关键的。例如，人们为了提升产量，可在生产线中对加工中心进行并排安放，确保其生产节拍能够跟上节奏，这就意味着在建设生产线时，两台加工中心共同处理一个工序的内容，在这道工序上花费的时间是原来的一半，使得生产线的节拍得以保持平衡状态。处于生产线上的加工中心有别于往常的通用加工中心，其功能少，结构相对简单，更加个性化，是专门的发动机加工中心。虽然它也包含某些通用加工中心的一些功能，但是其更具有专业性和针对性。

（3）扬长避短的混线生产

组合机床以及加工中心各有各的优势和劣势，那么，在生产中，怎样才能充分发挥二者不同的优势，回避劣势带来的不足呢？通过对二者进行混合使用，可以解决这个问题。我们可以在工序的内容、特点、性质的基础上，来对使用的设备进行选择和替换。

组合机床主要应用于特性稳定的工件，无论是粗加工还是精细的加工，只要其要素固定不发生改变，都可以选用组合机床。组合机床的刚性极高，对于切割力度的承受度高，所以尽管切割负荷量极大，抗压力度强，其工作效率依然很高，提高了工作的质量，节省了时间和成本。

加工中心的特点是灵活多变，在对经常发生数据变动的零部件进行生产时，通常都会被选用。例如，对传感器的安装孔进行加工时，由于孔之间的距离小、分布密集，这时就不能使用组合机床。面对这样的工序，若使用组合机床进行加工，就要装配多台组合机床才能完成任务，且生产线长，准备时间久，浪费资源和资金。

2. 汽车整车装配工艺设备发展趋势

由于企业产品的多样性与订单化，造成在产车型繁多以及生产计划在车型种类与数量上的持续波动，使得多车型共线混流生产成为今后的发展趋势。在混流装配模式下，同一条生产线同时承载着四种甚至四种以上的车型，若再以配置等差异进行细分，在产车型种类将达到十余种，每种类型、每种配置的车辆生产计划迥异。市场需求多样化引导汽车生产模式逐渐转变为多车型共线混流装配，而持续快速变化的需求同时要求生产线能够及时进行工艺制定与转换变更。在一定程度上，迎合当前市场环境需求的新车型的上线速度决定了产品的市场竞争力，而作为汽车四大工艺最后一环的总装，其工艺规划的速度与质量势必是企业角逐的关键环节，也是目前汽车企业需要重视并深入研究的问题之一。

（1）建立装配工时预测模型

针对当前新车型工时定额缓慢、起止节点滞后导致上线周期过长的问题，以新旧车型异同分析为切入点，基于已有车型历史装配工时，将装配工时划分为取料时间、定位时间和连接时间，并依次分析定位时间与连接时间的装配特征及其关键影响因素；通过计算新旧车型功能件装配相似性，进行拟合分析，构建关系函数，对定位时间进行预测；在对多工位多款零件的预测校对中验证预测模型的精度与适用性。

（2）提出考虑疲劳负荷的线平衡优化方法

针对传统线平衡方法仅考虑工位之间时间维度的平滑均衡，造成实际应用后作业人员对负荷分配不满的问题：引入作业疲劳负荷参数，将线平衡模型考虑维度拓宽为时间负荷与疲劳负荷；根据装配特征分类方法，分别从定位负荷与连接负荷对作业任务的疲劳负荷进行评价计算；搭建考虑疲劳负荷的线平衡数学模型，结合遗传算法对任务分配进行方法规划。

（3）进行工位流程可行性与合理性人因验证

针对工位内作业流程与装配方法缺乏科学指导，造成因不合理作业导致的工位高负荷与零件返修问题：对总装线段相关人因问题进行调研与统计，明确工作重心及目标工位；依次对目标工位进行环境、静态及动态建模，还原总装线设施环境与工位作业流程；采用适用的人因工具对目标工位进行人因特征分析并提出合理的建议，从而对工位的流程规划进行可行性验证与改善。

第六章　现代汽车制造系统自动化发展

受到《中国制造 2025》的推动，我国制造行业的技术创新在飞速发展，汽车制造业也在的快速发展，汽车制造系统自动化程度也日益提高。本章分为汽车制造系统自动化、自动化加工技术及设备、未来汽车制造自动化技术的展望三个部分，主要包括汽车制造系统自动化的意义、自动化加工技术、自动化加工设备、自动化技术的应用优势等内容。

第一节　汽车制造系统自动化

一、系统

系统是具有特定功能的、相互间具有有机联系的许多要素所构成的一个不可分割的整体。任何一个系统都具有以下性质。

①集成性。系统由两个或两个以上要素组成。每个要素都对外呈现出自身的特性，并有其自身的内在规律。

②相关性。组成系统的要素是相互联系和相互作用的。各要素通过整体规划被有机地集成为一个整体。

③目的性。系统具有明确的目的性。为了实现系统的目的，系统必须具有处理、控制、调节和管理的功能。

④环境适应性。系统应能适应外部环境的改变，能随着外部条件的变化而改变系统的内部结构，使系统始终运行在最佳状态。

二、制造系统

从结构上讲，制造系统是制造过程中所涉及的硬件及其相关软件所组成的一个统一整体。制造过程所涉及的硬件包括人员、生产设备、能源和物流等；

软件包括制造理论、制造工艺和方法、制造信息等。从功能上讲，制造系统是一个将制造资源转变为产品的输入输出系统。

三、自动化制造系统

自动化制造系统是一类由计算控制的机器人和加工设备组成的先进生产制造系统。自动化制造系统目前已被广泛应用于半导体制造业、印刷电路板、食品加工、钢铁冶炼和医疗等行业。自动化制造系统在不同领域有不同的叫法，在印制电路板（PCB）领域中我们一般称之为抓钩调度，在典型的半导体制造中我们一般称为自动化制造单元，统一称为自动化制造系统。

自动化制造系统，作为一类先进智能制造系统，已被广泛应用于半导体制造、印制电路板电镀处理以及钢铁生产等行业。在这类制造系统中，一个或者多个由计算机控制的机器人负责物料在自动化加工设备（工作站）之间的搬运作业。相对于工件加工时间，工件在工作站之间的搬运时间不能忽略，并且工件的加工工序和搬运作业需要相互协调。因此，合理地规划和调度机器人的搬运作业对提高自动化制造系统生产效率和产品质量具有重要作用。然而实际生产环境中充满了不确定性，各类干扰事件的发生，如客户订单随机到达、加工设备故障等，往往影响自动化制造系统的稳定运作，甚至造成当前调度方案不可行。当干扰事件发生时，为了保持自动化制造系统的高效稳定运作，实际生产管理者需要动态调整调度方案甚至生成新的方案。然而，频繁地动态调整或者完全重新生成调度方案，往往使已进入系统工件的加工作业和搬运作业严重偏离原调度方案，由此给自动化制造系统的稳定运作带来了扰动，甚至导致系统崩溃。

自动化制造系统与传统的经典车间生产系统调度相比，具有三个特征。

①自动化制造系统内工件搬运作业由一个计算机控制的物料搬运机器人执行。

②自动化制造系统内工件加工时间是在一个区间（称为时间窗口）内的。

③工件加工满足无等待约束条件。当工件完成当前的工序时，必须马上由物料搬运机器人搬运到工件的工序所对应的下一个工作站进行作业。例如，对于印制电路板的化学处理，当工件完工后如果不能及时被搬走，使其长期暴露在空气中，则会对工件造成一定的质量影响，甚至出现残次品。

四、汽车制造系统自动化的意义

汽车制造作为高端制造的典型代表，是世界上规模最大和影响最广泛的产业之一。相对而言，我国汽车制造业起步较晚，但制造技术紧跟世界先进技术的发展步伐，一直保持持续发展的势头。国内合资及自主品牌新建工厂生产线的柔性化和自动化水平也已经与世界先进汽车制造商的水平相当。目前国内主流汽车厂的冲压、涂装车间的自动化程度基本在 95% 以上，焊装车间的自动化程度也基本在 80% 以上，总装和动力总成车间的自动化水平也在快速提升。

然而，我国汽车制造技术自主开发能力薄弱，关键制造装备仍然依赖合资或进口，先进汽车制造装备及生产线重复引进的问题严重。在我国加快部署实施制造强国战略，全面推进制造业转型升级的时代背景下，汽车制造产业的自动化转型升级首当其冲。同时，在汽车制造业朝着智能化、定制化方向转型升级过程中，车身质量与汽车安全依然是消费者关注的首要话题。汽车车身是由多种复杂零部件装配而成的，零部件的制造质量直接影响整车的安全性、美观性及动力性。

汽车制造系统的自动化技术可以被认为是汽车制造业走向现代化的关键所在。实现汽车制造系统自动化的目的在于：提高或保证产品的质量；改善劳动条件，减轻劳动强度；提高生产率；减少生产面积和生产人员，节约能源，降低生产成本；提高对市场变化的适应和竞争能力。

第二节　自动化加工技术及设备

一、自动化加工技术

（一）计算机辅助设计与制造

1. 计算机辅助设计

计算机辅助设计（CAD）是指利用电子计算机处理设计过程中的数字、符号和图形等数据，完成产品的设计工作。由于计算机具有运算速度快、精度高、存储容量大、可以进行枯燥的重复性工作等优点，再加上设计人员的综合分析、形象思维和创造能力，使得产品的设计质量得到提高、产品开发周期大大缩短、产品设计成本有效降低，从而大幅提高产品的市场竞争力。

机械产品的设计可大致分成概念设计、初步设计、详细设计、文档设计四个阶段。计算机在这四个阶段中都能不同程度地参与进来，如图 6-1 所示。除概念设计阶段参与较少外，CAD 在其他三个阶段的应用是无处不在的。其承担的主要工作有数据处理、图形处理、工程分析、动画仿真等。

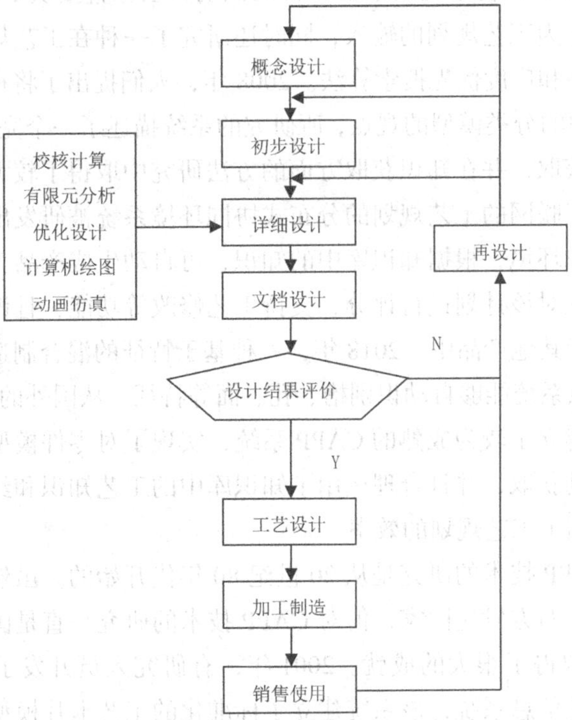

图 6-1　计算机在产品设计阶段的应用

2. 计算机辅助制造

计算机辅助制造（CAM）是指应用计算机进行产品制造的总称，狭义的 CAM 是指计算机在制造过程中某个环节的应用，通常是指计算机辅助加工，即数控加工。它的输入信息是零件的工艺路线和工序内容，输出信息是刀具加工时的运动轨迹和数控程序。广义的 CAM 是指计算机辅助完成从原材料准备到产品装配的全过程，包括工装设计、计算机辅助数控加工程序、生产作业计划、制造过程控制、质量检测与分析等内容。

3. 计算机辅助工艺过程设计

国外的学者从 20 世纪 60 年代开始就对计算机辅助工艺过程设计（CAPP）

进行了研究，经过多年广泛、深入的研究，目前已开发出了较为成熟的 CAPP 系统。例如，美国的一些大学将智能推理、神经网络、机器学习等人工智能技术应用于 CAPP 系统，可识别设计及生产零件的各种信息。1991 年，通过 CAPP 系统与柔性制造系统（FMS）的集成，可以确定一个最优的产品工艺方案。2007 年，在 CAPP 系统中运用了投影特征识别算法，直接从 CAD 模型中识别出复合特征，作为工艺规划的输入，同时还研究了一种在工艺规划过程中的基于图的拓扑排序和广度优先搜索算法。2008 年，人们提出了将神经网络作为智能 CAPP 系统中的分类模型的观点，所研究的系统描述了一个完整的工艺数据、知识和经验的获取，并在知识获取方面的方法研究中取得了较大的成就。2017 年，一种基于互联网的工艺规划的分布式协同环境系统被研发出来。该系统基于互联网的协作环境，根据知识库中的知识，可自动生成产品工艺计划，并基于专家评估系统对该计划进行评分，支持工艺修改等功能，且该系统是通用的系统，可应用于其他产品中。2018 年，一种基于特征的混合制造工艺规划系统被研发出来，该系统能够自动识别槽、孔、面等特征。从国外的研究现状来看，研究人员逐步建立了较为成熟的 CAPP 系统，实现了对零件模型特征的识别和工艺数据的自动获取，并且合理运用了知识库中的工艺知识和经验进行零件的工艺规划，提高了工艺规划的效率。

我国对 CAPP 技术的研究是从 20 世纪 80 年代开始的。虽然我国 CAPP 技术的发展落后于西方发达国家，但对 CAPP 技术的研究一直是国内学者努力的方向，并且也取得了很大的成就。2001 年，有研究人员开发了面向产品的新一代集成化工艺信息系统，该系统建立了标准化的工艺卡片模型，以工艺卡片为载体，使工艺设计信息和工艺管理信息实现通信，实现了工艺信息的无缝集成。2014 年，张辉等人提出了基于自定义加工特征方法的船用柴油机箱体类零件的 CAD/CAM/CAPP 集成系统，并利用 NX/Open 二次开发技术，在 NX 平台上开发了该集成系统。该系统有效解决了传统集成系统的信息集成度低、自动化程度不高的问题。2015 年，辛宇鹏等人提出了一种基于模型定义（MBD）环境下的三维 CAPP 技术，可直接通过三维 MBD 模型进行工艺规划，减少二维到三维图转换的工作量，也为进一步的计算机 / 现代集成制造系统（CIMS）集成技术研究奠定了基础。2016 年，马玉琼等人基于成组技术开发了板类零件的 CAPP 系统，但该 CAPP 系统的自动化和智能化程度较低，前期零件的编码工作主要由人工输入完成，后期的工艺文件的修改仍需人工参与，且该系统仅针对板类零件进行开发，通用性不强。从国内的研究现状来看，CAPP 技术可与多种系统进行集成，有效解决了系统的集成化程度低等问题，但 CAPP 系统的智能化程度仍然不高。

（二）工业机器人技术

1. 工业机器人的发展

国际标准化组织（ISO）对工业机器人的定义为“可以在三个或更多轴上实现自动控制的、可重新编程的多用途机械手”。传统加工使用的数控机床在工作范围和加工产品的形状上受到严格的限制，而工业机器人具有的高灵活性、高稳定性等优势，使它在各个工业领域都得到了广泛的应用。根据国际机器人联合会（IFR）的数据，2018 年度全球出产工业机器人数量持续增长，达到 422000 台；年销售额达到 165 亿美元。目前，中国是世界上最大的工业机器人市场，占总安装量的 36%，而汽车行业是全球最大的机器人应用行业，约占总供应量的 30%。

工业机器人的发展分为三个阶段：第一代工业机器人通过示教再现的方式规划机器人的运动路径和作业位置，机器人本体不具备感知能力；第二代机器人在本体上安装了各种传感器，使机器人具有特定的视觉、听觉、触觉等基础感知能力，而且可以根据感知的信息做出简单的调整，对环境具有一定的适应能力；第三代机器人是智能化的机器人，除了感知能力外，还具有独立分析、推理和决策的能力，能够与外部环境相协调和适应，完成更加复杂的动作。视觉系统是工业机器人中应用最广泛的智能化感知系统。在机器人手臂上集成非接触式的视觉系统，可以使得机器人有效感知目标工件的位置、姿态、外貌等信息，通过智能化的算法对图像进行处理。机器人能够根据工件的位姿和状态完成不同的复杂动作。

现在，在工业发达的国家中，工业机器人已经被广泛应用到汽车及汽车零部件制造、机械加工、电子电气、橡胶及塑料、食品、物流等诸多领域中，按照功能可以分成搬运、上下料、码垛、电焊、喷涂、切割、装配等多种类型。瑞士的 ABB、德国的库卡、日本的发那科和日本的安川电机并称工业机器人“四大家族”。著名的工业机器人品牌还包括那智不二越、川崎机器人、史陶比尔、柯马等。这些企业通过多年的技术积累，形成了各具特色的产品和技术创新路线，并构建了自身的核心竞争力，占据着产业中上游阵地。

2019 年 1 月爱普生公司推出了六轴一体机 VT6L 机器人，其最大负载为 6 千克，采用控制器内置、手腕中空、免电池马达单元等设计，支持宽电压范围工作，是一款针对六轴简单搬运市场而推出的高性价比产品。

2019 年瑞士 ABB 发布的协作机器人 IRB 1100 支持 ABB 全新的 OmniCore 控制器，具有先进的运动控制功能，是快速装配、取放和物料搬运的理想选择。它的出现进一步拓展了 ABB 小型机器人产品线，使得生产效率提高了 35%，占地面积缩小约 10%。

工业机器人除了可用来解决生产线中的工件搬运及上下料的问题，许多国外企业和科研机构有实力研发针对汽车轴承生产线的专用型机械手和多工位一体化机床，但对于国内企业而言，其研发费用以及设备报价都过于昂贵，通常难以引进并使用。

对基于机器视觉系统的工业机器人，世界各国包括德国、美国、瑞典、日本等都有较为深入的研究和应用。机器人本体的零部件制作较为精密，瑞典 ABB、德国库卡、日本的发那科和安川电机四家知名机器人企业占据了工业机器人市场的份额的 60% ～ 80%。学界大部分工业机器人的研究都基于现有的机器人本体，通过设计集成的硬件工具模块或者感知方法来实现不同的功能应用。例如：米兰理工大学在六轴机器人上加装视觉系统对流水线上移动的产品质量进行在线检测，并设计了自适应的自主定位方法，通过对图像进行快速傅里叶变换预估障碍物的旋转，从而引导机器人避开障碍物采集清晰的图像；加拿大研制了一种基于视觉引导的机器人不固定装配（RFA）单元，使用 3D 视觉系统辅助夹具进行零部件的夹取和拼接，适用形状不同的汽车零部件装配，但其装配速度和精度较低，不符合多数工业应用的要求；一种用于制鞋业柔性上胶过程的视觉引导机器人系统，通过视觉系统实现被粘物体形状的定位和重建，利用检测到的信息，对末端执行器为胶枪的直角机器人进行轨迹规划，使机器人在误差允许的范围内进行上胶作业。

相对来说，我国的工业机器人产业起步较晚，对应的视觉引导和检测系统的研究也相对落后，仍处于奋力追赶的阶段。国内工业机器人技术起步较晚，从 1986 年“国家高技术研究发展计划”发展机械手的主题开始，经过多年的研究和发展，虽然出现了如沈阳新松机器人之类的工业机器人品牌，但在核心部件等方面与国外先进技术还存在一定差距。20 世纪 80 年代中期我国首次研发出可示教机器人，并将其用于搬运、焊接等工业领域。出于各领域对高决策力、高智能化成套设备和高柔性制造系统的需求，《〈中国制造 2025〉重点领域技术路线图（2015 年版）》中把工业机器人作为研究和生产的重点产品之一，并通过机器人专项规划、建立机器人协同创新中心等战略举措促进该领域的发展，使得对应的机器人智能化系统研究迎来了一个新的热潮。张正友博士提出了一种单平面棋盘格相机标定方法，替代了复杂的传统三维标定板，在世界范围内得到了广泛的使用。湖南大学的王耀南院士团队联合研发的一种饮料空瓶智能视觉检测机器人，能够通过机器视觉的方法对各种玻璃瓶的瓶口、瓶嘴螺纹处、瓶身、瓶底等位置进行定位并检测裂纹、脏污斑点等缺陷，还能够识别瓶内残余的液体和细微的玻璃碎片，该系统每小时能够检测两万个以上的玻璃空瓶，检测速度远远超过人工。北京航空航天大学综合了视觉系统和并联机器人系统的优点，研究了基于康耐视（Cognex）In-Sight 7000 智能相机的工业机器人视觉分拣系统，能够自动识别输送带上排序对象的位置和分类信息。中国科学院自动化研究所摒弃大体积的 PC 处理器，开发了基于现场可编程逻辑门阵列（FPGA）和数字信息处理（DSP）的机器人视觉系统，不仅可以快速地捕获图像，还可以实时地使用不同的算法处理图像，更适合于小型高性能的移动机器人。在汽车工业中，产品零部件种类繁多，尺寸、样式、材质各不相同，需要不同的设备进行检测和搬运。视觉系统的引入赋予了机器人系统捕捉目标、精准定位和质量检测的能力，从而在汽车零部件生产加工中得到应用。近年来学界针对汽车的车轮、发动机的曲轴、缸盖、缸套、风扇罩型、涡轮增压器轴承等零部件研究了不同的自动化装配系统和对应的视觉检测方法，而发动机中曲轴瓦盖部件的定位与检测方法鲜有报道。

随着《中国制造 2025》的提出，高速化、高精密化、自动化、智能化的需求越发重要，也成为自动搬运机械手的发展趋势，这对现有的机械结构和控制方式都提出了新的要求。要完成自动化生产线的建设任务，大范围淘汰老旧设备、引进新型全自动化生产线是不现实的。在原有汽车轴承组装生产线的基础上进行改造升级，并采用合适的自动搬运设备才是可行方案。市面上常见的工业机器人、大桁架式机械手以及直角坐标式机械手等设备在设计方法和产品等方面都已经比较成熟。

2. 工业机器人在自动化生产线上的应用

在自动化的生产过程当中，有很多需要单一搬运的工作。这里所说的搬运工作，指的是将一个或多个工件，从一个地点转移到另一个地点的工作。在早期的生产过程中，大多是靠人力进行搬运工作的，其工作强度之大、工作效率之低可想而知。由于工业自动化程度越来越高加上工业生产的节奏越来越快，负责搬运工作的工业机器人越来越多地被工厂所使用，相对于传统人力搬运，利用机器人搬运，可以设计不同的末端执行器来配合完成各种各样形状不同的工件的搬运工作，这样也可以极大地减轻人力的单一搬运工作。各式各样的搬运机器人被普遍应用于汽车装配制造生产线、机床上下料、冲压机自动化生产线、码垛搬运生产线以及集装箱等的自动搬运中。

工业机器人与注塑机之间的“关灯工厂”渐渐替代了人工生产线，正在成为主流，并且逐渐在加工制造企业得到应用。在国外，工业机器人在各行各业都有所涉及，包括运输领域、机械装配领域、焊接领域等。因此一些具备世界影响力的工业机器人公司也就应运而生，其中有 ABB、库卡、发那科、安川电机等。瑞士 ABB 公司主攻机器人的控制，程序延展性比较好；德国库卡公司在汽车领域应用很多，对设备进行了很多的标准化处理，人工操作起来十分便利；日本的发那科公司在机器人数字控制方面优势明显，到 2015 年，该公司在全球范围内的机器人应用数量已超过 40 万台；日本的安川电机公司的机器人销量同样可观。这“四大机器人家族”在行业内树立标杆，几乎垄断了整个工业机器人领域，并且在减速器、运动控制、安全设计等关键技术方面有长期积累，表现优异。

根据调查，自 2016 年以来，我国的机器人普及率远远低于一些经济发达的欧美国家，为此，国家还专门制定了很多刺激政策来促进我国在该领域的发展。《中国制造 2025》计划就是其中的典型，它将机器人的研发与制造作为了国家发展的重要战略目标之一。掌握智能机器人的关键技术，是中国由工业大国向工业强国迈进的重要指标之一。国家通过积极支持培养龙头企业，使得我国的机器人行业大踏步地向前发展，而追赶国际上先进的标杆行业，也有利于我国经济的发展。

机器人可以在很多人类很难甚至无法完成的恶劣环境下工作，并且可以长时间保持工作的稳定性。机器人的应用，可以在很大程度上降低劳动强度，提高工作效率。例如，汽车天窗框架注塑成型后自动化处理生产线采用工业机器人作为搬运工具，起到连接整个自动化系统的作用。工业机器人的选型要有据可依，要确定机器人的额定负载以及末端执行器所到达的工作范围。

（三）柔性制造系统

随着经济的不断发展，人们的生活水平不断提高，消费的个性化需求越来越高，产品的生命周期变得越来越短。在制造企业中，单件生产、成批生产占总生产的 85%，大批大量生产仅占总生产的 15%。由于硬件设备的柔性非常有限，选用硬件设备可调的办法实现多品种、小批量生产自动化有很大的困难。近年来，随着计算机技术、数控技术及加工中心、工业机器人等技术的发展，多品种、小批量生产自动化有了新的模式，相继出现了柔性制造系统（FMS）等自动化生产模式。

1. FMS 的概念

FMS 是以计算机控制系统、数控机床设备为基础的由物料储运系统连接而成的能形成没有固定加工顺序和节拍的自动加工制造系统。它具有高柔性、高效率、高自动化、高经济效益等特点。

2. FMS 的组成

FMS 通常由三部分组成，即多工位数控加工系统、自动化物料储运系统和计算机信息控制系统，如图 6-2 所示。

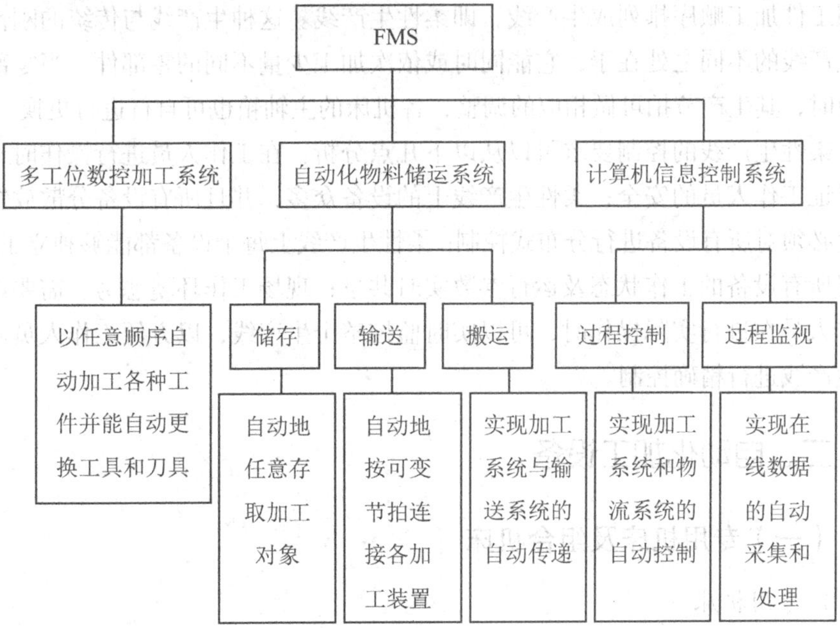

图 6-2　FMS 的组成

3. FMS 的类型及应用

根据生产制造规模的不同，FMS 一般可分为以下几种类型。

（1）柔性制造单元

柔性制造单元一般由 1 至 3 台具有零件缓冲区、刀具换刀及托板自动更换装置的数控机床或加工中心组成。它通过计算机进行实时的控制和管理，能够加工多品种的零部件，同一种零部件数量可多可少，特别适用于多品种、小批量零部件的加工。

（2）柔性制造系统

柔性制造系统由两个以上柔性制造单元或多台加工中心组成（一般为4台以上），各机床之间采用物料储运系统和刀具系统连接，工件被装夹在随行夹具和托盘上，自动地按加工顺序在机床间逐个输送。这种系统适用于多品种、小批量或中批量复杂零部件的加工。柔性制造系统主要应用的产品领域为汽油机、柴油机、机床、齿轮传动箱等。

（3）柔性生产线

在零部件生产批量较小且品种较多的情况下，可以将柔性制造系统的机床按照工件加工顺序排列成生产线，即柔性生产线。这种生产线与传统的刚性自动生产线的不同之处在于，它能同时或依次加工少量不同的零部件。当零部件更换时，其生产节拍可做相应的调整，各机床的主轴箱也可自行进行更换。

柔性生产线的控制要求可以从以下几点分析：在工作人员进行操作时，需要保证工作人员的安全；柔性生产线上的设备众多，并且所有设备分散放置，因此必须对所有设备进行分布式控制；柔性生产线上每个设备都能够独立工作，需将所有设备的工作状态及运行参数实时共享；现场工作环境恶劣，需要保证工作人员在进行实际操作时，可以实时监控整个生产线，以方便工作人员对整条生产线进行精确控制。

二、自动化加工设备

（一）专用机床及组合机床

1. 专用机床

专用机床作为现代机械行业中一种高效的特殊机床，主要使用大批量的通用零部件，并配备较少的专用零部件，可以实现按事先确定的工序对单一或多种工件进行加工，并且具有能够对多个零部件进行多刀、多表面、多工序、多工位同期工作，生产成本低、高效等特点，在当代机械市场发展中一直处于不可替代的地位。

主轴箱作为专用机床的核心机构，主要安置机床中各种轴类及轴上零件和所需的辅助构件，是专用机床研发流程中最为重要的步骤，其设计水平的高低会对专用机床的质量造成直接的影响。专用机床主轴箱自动化设计整体系统主要包括以下几方面。

①获取原始设计参数系统。

②切削参数确定及转速等相关参数的计算系统。

③传动方案的自动设计系统。

④中间轴坐标及齿轮参数的计算系统。

⑤传动件的干涉信息检测及主要零部件的强度校核系统。

⑥多轴箱生产二维图纸的自动绘制系统。

2. 组合机床

组合机床是由已经系列化、标准化的通用零部件和少量专用零部件所组成的“特殊的专用机床”。通常一台组合机床有 70% ～ 90% 的零部件是标准件和通用件。组合机床可以同时从几个方面采用多把刀具对一个或几个零部件进行切削，它是实现工序集中、提高生产率的有效设备。当被加工工件或工序内容改变时，组合机床可以部分或全部进行改装，它的通用零部件可以重新应用，只需配备部分专用零部件，就可以组成加工新工件的专用机床。组合机床的通用零部件可以组织专门企业集中生产，有利于提高通用零部件的性能及结构可靠性，并可降低制造成本，维修设备方便。

（二）刚性半自动化及刚性自动化单机

刚性半自动化单机是指能自动完成除上、下料以外的一切切削运动和辅助运动的机床。刚性半自动化单机实现的是加工自动化的最低层次，其投资少、见效快，适用于产品品种变化范围和生产批量都较大的制造系统。其缺点是机床调整工作量大，加工质量较差，工人的劳动强度较大。

刚性自动化单机是在刚性半自动化单机的基础上，增加自动上、下料装置，从而能自动完成一切切削运动和辅助运动以及自动上、下料的机床。这种机床常用于被加工零部件的品种变化很小，但生产批量特别大的场合。其主要特点是投资少、见效快，但通用性差。

（三）刚性自动化生产线

刚性自动化生产线是用工件输送系统将各种自动化加工设备和辅助设备按一定的顺序连接起来，在控制系统作用下完成单件零部件加工的大系统。刚性自动化生产线具有很高的自动化程度。如果用若干台组合机床配置成自动流水线，则称为组合机床自动线。组合机床自动线的调整时间可以大大减少，生产成本也相对较低。刚性自动化生产线或组合机床自动线是少品种、大量生产的首选设备。

（四）数控机床

1. 数控机床的相关概念

数控加工技术于20世纪40年代末期因航空工业的发展而产生。1952年美国麻省理工学院研发出空间三坐标系数控铣床用于加工航空专用零部件。20世纪60年代中期，数控编程系统开发日趋稳定，数控机床开始广泛应用于各大工业领域，航空航天工业处于主导地位。数控机床发展初期加工路线以连续轨迹控制为主，大型航空航天工厂主要配备切削机床为主的数控机床，主要用于加工军用飞机、火箭薄板、螺旋桨以及航空发动机、轴、叶片的内轮廓面和武装火箭弹的特种腔面，后期加工路线逐步完善为点位控制。

数控加工中心由数控机床进一步开发而来，与普通数控机床的不同之处在于数控加工中心可以通过程序编程完成自主加工和刀具转换，通过数控编程设置让数控加工中心刀库中不同加工类型的刀具和检具实现自动换刀，从而实现一次装夹多件加工，是目前应用最广泛的数控机床。数控加工中心稳定性好、结构简单、传递时速度快、加工效率高、精度保持性好、综合加工能力强。相比于普通机床，数控加工中心在进行中高精度零部件加工时，加工效率能达到普通机床的5倍，同时还能完成普通机床不能加工的形状较为复杂的高级零部件。数控加工中心把镗削、铣削、切削、攻丝等加工工艺集成于一体，能够完成多种加工要求，为产品的研发与更新换代节省了大量的时间与财力，增强了企业的核心竞争力。

随着现代化信息技术的普及，互联网融入社会的各个领域，人们的精神文化生活日益丰富多彩，同时物质需求也在不断增多。从手工艺品到大型工业生产，小到罐头、螺丝钉，大到汽车、工厂设备，产品更新快，零部件精度、复杂度日益提高。传统工业通过手工或者轻工业设备生产，生产速度慢，劳动力消耗大，工件精度不足，资源损耗率高，远远无法满足当下的生产需求。

现代制造领域使资源、信息、设备和人相互关联，利用信息技术降低制造业对人工的依赖，根据用户需求进行个性化定制。数控机床是先进制造业的基础和核心，是交通、航空航天、电子等重要产业生产的现代化手段，是机械电子工业不可或缺的核心设备。高精度的数控机床给制造业带来高效和先进的生产方式，促进了经济的发展。

2. 数控机床的主体

（1）主轴

数控机床主轴的精度情况会对其实际加工作业产生很大程度上的影响，主轴实际运转的质量与效率对数控机床加工作业情况起着决定性的作用。与此同时，对于数控机床的自动化水平而言主轴定位的可靠性以及自动化情况对其产生很大程度上的影响。现阶段，无极自动化调整被全面运用在我国数控机床加工作业方面，进而逐步提高其加工作业的自动化水平与能力。

（2）导轨

导轨需要对加工运动进行指引，并且对有关人、物进行控制与管理，这使得保证运动可靠性以及稳定性的重点导轨也属于影响数控机床加工作业精准程度的主要零部件。在我国数控机床当中，经常使用的滑动导轨具备金属性特征。对于某些独特的数控机床而言，需要使用贴塑导轨，此类导轨的优点十分明显，如抗腐蚀、耐磨，以及非常容易进行润滑，并且其摩擦系数不高。

3. 数控机床的特点

（1）全封闭防护作业

在数控机床实际制造以及设计作业的活动中，加工中心需要将防护门直接关闭，以避免危险事情的出现。在数控机床实际运转时，加工中心主要是通过进给轴以及主轴之间的良好整合展开的。在这样的情况下，联动轴数量非常多，然而不一样的轴能够依照差异性程序，在多个角度以及位置上进行合理的调整，保证加工作业的顺利展开。

（2）实现刀具的自动交换

在实际运用自动换刀系统时，需要保证此系统能够支撑多个刀具的共同使用以及交换，需要在刀具库当中安排众多的刀具，实现科学合理的编程即可。在实际加工作业时，加工中心可以在多个工作台中进行作业，这样能够有效提升其加工作业质量与实际成效。

（3）实现制造自动化

加工中心需要将多个功能有效整合起来， 在其工作台实际旋转的时候，刀具需要不间断地进行供给，以保证车削作业的顺利完成，实现其制造范围的逐步拓宽。如果在实际加工过程中，加工中心选取的切削参数较为可靠且科学，便可以保证其实际加工质量与成效。不断提高刀具的具体性能，可以使车削时间不断减少，从而提升其自动化设计与制造的能力与水平，保证实际生产作业的效率。

（4）成本比较高

由于加工中心正在向着智能化以及自动化的方向不断发展，其功能及结构等都十分繁杂，因此，需要投入的成本比较高。此外，数控机床需要在相应的条件下运转，需要保证其实际运转的条件。只有这样，才可以为企业创造更多的经济效益和社会价值。

在现代社会，数控机床一方面能够有效提高产品的实际生产质量与效率，另一方面能够不断提高零部件的精准程度，有效降低劳动作业的实际强度，为新型产品的加工以及开发作业等节约许多物力以及人力等方面的资源，从而逐步提升企业的整体竞争力。

（五）数控加工中心

1. 数控加工中心的概念

数控加工中心是带有刀库和自动换刀装置的一种多功能数控机床。工件经一次装夹后，数控加工中心能对两个以上的表面自动完成铣、镗、钻、铰等多种加工，并且具有多种换刀或选刀功能。因此，数控加工中心的特点：工序集中、可以缩短调整机床和搬运工件的时间、减少在制品库存、加工质量高、生产效率及自动化程度更高。数控加工中心常用于零部件比较复杂、需要多工序加工，且中等批量生产的场合。

2. 数控加工中心的组成

目前，我国数控事业快速发展，在这样的新形势下，数控加工中心在数控领域的作用至关重要。因此，在数控加工中心实际建设过程当中，需要保证以下五个方面的完善性与合理性。

（1）基础零部件

基础零部件主要展现在工作台、立柱以及机床身等方面，此类零部件组成相应的构架，是加工作业顺利展开的重要主体，应该保证其强度与加工作业的实际需求相适应。一般情况下，这样的零部件需要使用先进的铸造工艺来完成。

（2）主轴零部件

主轴零部件主要包括主轴箱、电动设备等。主轴作为数控加工中心重要的输出零部件，在其中占据着十分重要的位置，其指令以及动作都是通过数控系统进行管理控制的。因此，数控加工中心要想不断提升精准程度，需要确保主轴的可靠性和稳定性。

（3）数控系统

数控系统在其功能实现方面起着十分重要的作用，在加工作业过程当中也占据着非常重要的位置。要想保证数控系统控制作业的完成以及实现，需要将有关参数以及数据信息等输入其中，之后展开协作完成。

（4）自动化的换刀系统

在实际加工作业时，应该实现刀具的合理更换以及调整，经过相应的系统将其指令发出来，旋转台需要结合指令，在刀具库中将工具直接提取出来，保证换刀作业的顺利展开。这样的作业主要是通过该系统实现的，刀具库在此系统中占据着十分重要的位置。

（5）辅助性设备

辅助性设备在数控加工中心属于辅助性的装置，虽然很难直接投入产品的实际制造作业当中，但是依然能够保证实际加工作业的质量与可靠性，其在制造作业中的作用也很重要。

3. 数控加工中心的优点

数控加工中心能够实现多台普通机床的加工功能，因此数控加工中心减小了占地面积，方便工厂管理维修，尤其在对中高档型零部件进行加工时，一台数控加工中心能完成绝大部分甚至是全部加工工序，直接缩短了加工时长，因此几乎不可能有半成品库存堆积的担忧。

被加工工件只需一次装夹就可以完成定位加工，直接避免了工件多次装夹定位引起的人为定位误差问题，不仅提升了工件的加工效率和质量，也减少了人为资源的不必要浪费。

数控加工中心加工工件一次装夹便能完成多次工序加工，间接减少了装夹夹具的个数，不仅提升了装夹速度，还节约了生产时间。

4. 我国数控加工中心取得的成绩

①北京第一机床厂自主研发设计的直线电机驱动高速立式加工中心：通过对高转速和高加速度的进给部件的保护装置的合理设计，完美解决了数控控制系统与对应软件开发的匹配、直线电机驱动部件的装配、核心部位的加工工艺等问题，解决了高转速和高加速度下机床的刚度和精度保持性的结构布局，研发出了我国第一台直线电机驱动高速立式加工中心。

②沈阳第一机床厂研究开发的五轴车铣复合式加工中心：结合国内外多种复合式加工中心的优点，解决了动力驱动单元、大直径大通孔的高速强力主轴、机床动平衡与热平衡、精度保持性等多项尖端难题，同时，传动部分兼顾了大扭矩和高速输出，拥有高性能的车铣复合式机床的刀库和机械手换刀装置的自主知识产权。五轴铣复合式加工中心可以满足形状复杂的军用和民用发动机、起落架、换向器的整体加工。

数控加工中心给传统机械制造业带来了巨大影响，使现代化制造业成为工业发展的主流，同时随着数控技术的不断发展，数控加工中心对计算机、航天、医疗等领域的发展也起到了推动作用。

第三节　未来汽车制造自动化技术的展望

一、自动化技术的应用优势

（一）提高生产能力和工作质量

在汽车制造过程中利用自动化技术能够有效代替人力资源，加强对整个生产过程的精准化控制，从而有效提高整个汽车制造过程的效率和质量。在自动化技术应用过程中，通常需要对整个制造过程的信息化进行管理与控制，利用生产线中的传感器进行数据收集，在保证制造精度的前提下实现各个制造过程的一致化，尽可能减少外界环境以及工作人员的影响与干扰，大大提高汽车制造的效率和质量。比如在数控机床加工过程中，自动化技术的应用能够有效实现汽车零部件的批量生产，保证整体零部件的加工精度符合要求，同时极大地提升了工作生产线的稳定性，而批量生产使得成本投入减少，也使得企业的经济效益不断提升，因此加大自动化技术的应用能够有效提高汽车制造的效率和质量。

（二）提高生产安全性和可靠性

自动化技术在汽车制造过程中还能够实现监控、自动报警、保护和诊断等功能，进而对整个生产过程进行有效把控，使其按照相关规范标准进行操作，部分生产车间还能够实现无人化操作。在具体的汽车制造过程中，如果某些生产环节发生了电气故障或生产冲突等问题，自动化技术能够实现对整个生产线的数据收集，从而将问题快速反馈给调度中心和维修中心，对其进行调教和规范，有效保证了整个汽车生产线的安全和稳定性，同时促进了生产线机械设备的科学化应用。

（三）方便机械产品调整和维修

自动化技术在汽车制造过程中大大提高了整个生产过程的智能化水平，能够及时根据不同的生产要求以及运行环境进行优化和调整，从而实现产品的更新和问题的解决，因此可以说自动化技术对汽车制造过程有着极强的调整能力。无论是零部件的生产还是整体汽车的安装调试都离不开自动化技术，通过对其生产管理技术的协调应用，可以加大整个生产线数据的收集、分析以及管理，在进行产品升级和产品生产线调试时能及时做出调整与维修，并通过特征代码来完成对预定程序的自动化编写，协调整个生产线完成自动化生产。在具体操作过程中，自动化技术能够根据产品的类型开展自动检测和内部识别，根据不同故障类型采取相应的解决措施，简化了整个汽车生产的过程，大大提高了整体生产效率和质量。

二、自动化技术在汽车制造中的应用

近些年，我国经济发展水平得到了显著提升，经济的增长推动了各个行业领域的发展，给各个行业领域带来了更多的发展机遇，同时也使得我国科学技术水平迈向了一个新的阶段。其中自动化技术在各个行业领域都有着较为广泛的应用。自动化技术有着强大的性能优势，能够实现全面的自控管理，对于系统化制造有着明显的作用，所以将它应用于汽车制造中有着一定的现实意义。自动化技术包含的内容比较多，在具体应用过程中，我们需要做好各个环节的衔接工作，保证技术应用的稳定性。汽车制造是一个综合性的过程，使用自动化技术可以极大地提高中间过程的效率，简化很多不必要的操作流程，节约制造成本。

（一）集成自动化技术

汽车制造要考虑的因素比较多，涉及的工艺技术种类较为多样化，其中集成自动化技术就是其中非常关键的一种技术。集成自动化技术有着一定的性能优势，它在汽车制造过程中主要体现在将制造技术和信息技术进行一个有效的融合，从而达到技术性能提升的目的，进一步优化完善了技术指标，使得汽车制造过程更加简化，省去了很多复杂的中间流程。集成自动化技术包含的内容比较多，在使用集成自动化技术时，需要注意一些细节方面的处理。

此外，集成自动化技术会自动整合制造流程涉及的数据信息，将各类信息联合起来，促进汽车制造迈向更高层次的研发阶段，使得汽车制造标准更高，整体性能指标更加稳定，汽车制造生产力得到一个明显的提升。

（二）柔性自动化技术

柔性自动化技术具有一定的特殊性，它是近几年才出现的一种新型技术，从某种程度上来说，柔性自动化技术是目前我们所能接触到的最先进的自动化技术之一。柔性自动化技术在汽车机械制造中有着直观的应用优势。

在柔性自动化技术应用过程中，需要依靠计算机技术对汽车构件进行全面的管控。基于计算机技术的指令控制功能，柔性自动化技术可以有效实现对制造设备的智能管理，使设备操作更加有序，便于设备整体管理。在汽车制造过程中，受到多方面因素影响，容易出现各种各样的问题，很多创新措施无法得到有效的落实，而应用柔性自动化技术，可以有效打破传统汽车制造的局限性，使汽车制造更加趋向智能化，更有利于整体管理。

柔性自动化技术的应用优势是多方面的，它对汽车制造的调控比较全面，能够使汽车制造更加稳定，整体自动化水平得到一个较大的提升。随着柔性自动化技术的广泛应用，它已经被推广到各大汽车制造行业中，并取得了较为理想的应用效果，发挥的作用也越来越大。

（三）机械组装自动化技术

传统的汽车制造都有一个固定的流程，汽车制造过程中涉及的人员规模比较多，也就是说汽车制造更多需要的是人力劳动，通过人力实现对汽车各个构件的制造和组装。这种人力制造模式存在很大的局限性，整体生产效率非常低，而且人员操作基数过大，容易出现各种各样的问题，一旦有人员操作失误，就会给整个汽车制造流程造成严重的影响，延误整个汽车制造流程。还有就是汽车制造对操作人员的生命安全有着一定的危险性，操作不当很有可能给人造成损伤，而通过机械组装自动化技术，我们可以很好解决这些问题。机械组装自动化技术可以实时调控制造设备的各项参数指标，使制造流程能够按照设定好的技术指标执行，通过对设备的制造情况进行全面的监控，实时调控参数指标，形成系统化的生产流水线，更加便于管理。应用机械组装自动化技术，减少了流水线上的工作人员数量，保证了工作人员的生命安全，同时还进一步提升了汽车制造的效率。

（四）检测自动化技术

随着当前汽车结构趋于复杂化，对于各种新型电子技术的应用在不断增多，为了防止因为汽车结构复杂而导致的电气设备故障问题，需要利用自动化技术对其各项设备进行检测，有针对性地确定自动化生产过程中电气设备的内部故障和问题，进而能够更好地采取相关措施进行完善与优化。通常来说会将故障诊断等自动化技术与汽车内部重要组成部分进行整合，利用整个数据传感器监管技术实现对各个安装调试以及维修过程的有效检测，一旦发现在某一过程出现了问题或者故障，会快速将数据信息进行反馈并锁定故障区间，从而对整个汽车制造过程进行稳定化控制。

随着科学技术的进步，在汽车制造中，很多企业为了提高汽车的整体性能指标，引入了很多新材料，这些新材料的引进和应用进一步提升了汽车的运行性能，使得汽车有着更加稳定的运行效果，汽车制造业也逐渐向着精细化和高端化的方向发展。也正是基于材料的多样化和先进性，传统的检测技术已经无法适合现代化汽车制造行业，这就需要我们将检测自动化技术应用到汽车制造中，通过自动化技术高效率地完成各项检测操作，以便准确检测出汽车质量问题，保证汽车制造的整体完整性。

（五）生产自动化技术

生产自动化技术是目前汽车企业常用的技术之一。它能够提高对整个生产过程的有效控制，保障汽车批量生产的质量与效率。比如目前常见的汽车外壳冲压生产车间，生产自动化主要体现在汽车冲压模具的运行方面，为了保证生产顺利完成，冲压往往会选择高速冲压形式，而高速状态会在一定程度上增加控制系统的运行难度，且控制系统生产线也会变得更为复杂。自动化系统的接入，可以实现对高速冲压的智能控制，从而达到降低风险的目的，这也保证了整个生产过程的安全稳定性，大大提高生产效率和质量。

三、优化自动化技术应用的措施

将自动化技术应用于汽车制造中，我们要综合考虑各个方面的影响因素，做好相关协调工作，保证技术应用效果。

汽车制造中涉及的设备种类比较多，我们要根据设备种类采取合适的自动化技术。汽车产品的质量与很多因素有关，但更多取决于自动化设备的质量。基于柔性自动化技术应用的优势，机械设备在运行过程中没有对质量问题过多说明，但为了保证能够制造出更高质量的设备，我们要对相关产品构件，采用合适的技术生产，生产时一定要保证设备质量达标。如果设备质量不达标，就会影响汽车产品部件质量，使得汽车在后期运行过程中出现较大的波动，埋下安全隐患，而且维修起来也比较麻烦。

我们要根据管理的要求进一步优化完善设备运行状态。在汽车制造过程中，很多自动化设备基本处于长期运行的状态，对设备性能有很大的影响，所以为了设备运行的稳定性，我们要保持良好的操作习惯。工作人员在操作过程中，要按照标准进行操作，规范操作流程，定期对设备进行检查和维护，发现设备运行问题时要第一时间停止设备，采取针对性的措施进行解决，从而提高汽车制造效率，延长设备的使用周期。

基于设备运行特点，在操作设备时，操作人员要对设备情况有一个全面的认知，要具有较高的综合素养，这样才能更好地操作设备，就算出现问题，也可以采用自动化技术对故障点进行确定。

四、汽车制造自动化技术的发展

传统汽车的生产制造，主要由零部件生产加工和整车制造两部分构成。工业互联网的兴起，正是制造业转型的契机。传统制造业向着网络化发展，汽车零部件的生产制造与互联网结合成为汽车行业的新特征。

随着科学技术的进一步发展，自动化技术在各个行业领域的应用范围越来越广。基于汽车制造的特殊性，我们需要逐渐沿着自动化、智能化的方向发展，以更好地贴合市场发展需求。自动化技术包含的内容比较多。自动化技术的创新也是多个方面的，它对汽车制造的影响比较大。自动化技术的创新基于市场发展需求，是我国社会发展的必然趋势，同时也是技术市场的主流。自动化技术在汽车制造中的应用体现在方方面面，我们需要做好自动化技术的应用工作，保证自动化技术能够更好地应用于汽车制造中，以便有效提升汽车制造水平，为人们带来更好的服务。

研发设计是汽车制造的起始环节。汽车产业的长链条特性使得汽车的研发和设计环节十分复杂，随着生产制造智能化技术的逐渐成熟，研发设计也逐渐呈现出数字化智能化的特征。在人工智能的辅助下，汽车行业逐渐由传统的集成化设计模式向数据化、模块化、智能化设计模式转变。而随着大数据、云平台的普及，研发设计链条或将直接与消费者对接，从而实现个性化定制，并逐渐由长链条特征向端到端的趋势转变，而跨部门跨区域的协作也将越来越普遍，研发和设计群体将会日渐庞大，并且在全球呈现网络化发展特征。

“供应链”主要是制造之前，以及生产加工完成之后，供应商、批发商、零售商和购买者共同构成了供需链条。从原材料获取，到加工再到最终品的运输，一系列过程所对接的企业和部门形成了一条完整的供应链条，或者说是某种特定的生产组织形式。汽车产业的长链条特性使得汽车生产过程消耗的原材料数目巨大，难以统一管理。生产制造的每一个环节都包含着物流运输，物流保证了原材料的供应，以及商品货物的跨区域流动。通过合理的物流链管理，汽车产业上下游企业得以打通，互联网营销模式得以实现。科学合理的物流链配置是保证产业链价值链正常运行的前提。

为了迎合市场发展的要求，汽车设计与制造行业将会不断朝着集成化、模块化方向发展，代替原有的传统零配件加工方式，而这种发展趋势将减少人力成本的投入，不断提高整体机械设备的使用效率，保证整个生产过程的高效化与稳定化。计算机仿真自动化技术在汽车机械制造过程中也得到了广泛的应用，相信在未来，人们会通过仿真自动化技术实现对机械设计、加工、制造等环节进行完整的模拟生产试验，进而发现在生产过程中可能存在的各种隐患及质量问题，让企业能够提前规避可能存在的风险，大大提高产品生产的效率和质量，保证产品在生产过程中的合格率，维护一线作业人员的生命安全，确保最终用户的使用安全，为企业谋求更加稳定的经济投入与经济效益。由此可见，自动化技术在未来的汽车制造中将会有着更加广泛的应用，企业和相关从业者对其必须引起足够的重视。

如今，我们正处于一个科技快速发展的时代，各个行业领域有了更多选择的机会，同时也面临着更多的挑战。在我们的生活中出现了很多的机械设备，标志着我们已经进入了机械商业化时代。在汽车制造领域，自动化技术有着极强的应用优势，为了使汽车制造的发展更加全面，我们要不断深化技术创新，提高自动化技术的应用水平。

参考文献

[1] 华健. 现代汽车制造工艺学 [M]. 上海：上海交通大学出版社，2002.

[2] 王怀林. 汽车典型零部件的铸造工艺 [M]. 北京：北京理工大学出版社，2003.

[3] 罗阳，刘胜青. 现代制造系统概论 [M]. 北京：北京邮电大学出版社，2004.

[4] 苟维杰. 数控机床 [M]. 长沙：国防科技大学出版社，2008.

[5] 卢泽生. 制造系统自动化技术 [M]. 哈尔滨：哈尔滨工业大学出版社，2010.

[6] 王珺. 汽车制造工艺学 [M]. 北京：国防工业出版社，2011.

[7] 钟诗清. 汽车制造工艺学 [M]. 广州：华南理工大学出版社，2011.

[8] 陈心赤，丁伟. 汽车装配工艺编制与质量控制 [M]. 重庆：重庆大学出版社，2011.

[9] 谢水生，李强，周六如. 锻压工艺及应用 [M]. 北京：国防工业出版社，2011.

[10] 刘宝珠. 数控机床 [M]. 西安：西安电子科技大学出版社，2011.

[11] 吴礼军. 现代汽车制造技术 [M]. 北京：国防工业出版社，2013.

[12] 中国锻压协会. 汽车冲压件制造技术 [M]. 北京：机械工业出版社，2013.

[13] 羊玢. 汽车 CAD/ CAE 技术基础与实例 [M]. 北京：国防工业出版社，2013.

[14] 李书江，解莉. 汽车文化与概论 [M]. 西安：西安交通大学出版社，2014.

[15] 刘晓玲，齐国庆. 数控机床 [M]. 北京：冶金工业出版社，2014.

[16] 黄树涛. 汽车制造工艺学 [M]. 北京：北京理工大学出版社，2015.

[17] 杜绍研，冯春军．汽车制造工艺［M］．北京：航空工业出版社，2015.
[18] 马卫平，卢生，薛国普．汽车构造［M］．北京：科学技术文献出版社，2015.
[19] 杨林建．机械设备自动化改造［M］．北京：北京理工大学出版社，2015．.
[20] 卢圣春．汽车装配与调整［M］．北京：北京理工大学出版社，2015.
[21] 陈飚，孙莹．汽车覆盖件冲压成形工艺与产品检验［M］．成都：西南交通大学出版社，2015.
[22] 张志君．汽车零部件制造工艺及典型实例［M］．北京：化学工业出版社，2016.
[23] 胡勇，吉武俊．汽车概论［M］．北京：北京理工大学出版社，2015.
[24] 杨晓钧，李兵．工业机器人技术［M］．哈尔滨：哈尔滨工业大学出版社，2015.
[25] 熊其兴，严义章．汽车制造工艺［M］．武汉：华中科技大学出版社，2016.
[26] 中国汽车工程学会组．汽车先进制造技术跟踪研究（2016）［M］．北京：北京理工大学出版社，2016.
[27] 唐建生，李兵建，张亮．汽车总装技术［M］．武汉：武汉大学出版社，2017.
[28] 庞德旭，王鹏．汽车文化［M］．北京：机械工业出版社，2017.
[29] 宁轩，张培信，付昌星．汽车概论［M］．成都：电子科技大学出版社，2017.
[30] 游楼弼，冯爱新，薛伟．组合机床及自动化加工装备设计与实践［M］．南京：东南大学出版社，2017.
[31] 许平，叶文海．汽车发动机装配工艺［M］．北京：人民交通出版社股份有限公司，2017.
[32] 白仕珑．汽车装配技术［M］．成都：西南交通大学出版社，2017.
[33] 许平，江帆．汽车发动机装配工艺学生工作页［M］．北京：人民交通出版社股份有限公司，2017.
[34] 时虹，鲁海斌．冲压工艺与模具设计［M］．南昌：江西高校出版社，2017.

[35] 曹渡，苏忠. 汽车内外饰设计与实战手册 [M]. 北京：机械工业出版社，2017.

[36] 文少波，赵振东. 新能源汽车及其智能化技术 [M]. 南京：东南大学出版社，2017.

[37] 李春明. 汽车构造 [M]. 2 版. 北京：机械工业出版社，2018.